深夜航路

午前0時からはじまる船旅

清水浩史

草思社

写真撮影　著者

01

往年の青函連絡船を彷彿させる深夜航路

深夜旅情	★★★
孤愁感	★★★
運航距離	113km
所要時間	3時間40分～3時間50分

津軽海峡フェリー／青函フェリー

青森↕函館

青森県青森市

北海道函館市

深夜便
(00:00～03:00発)

■津軽海峡フェリー

青森→函館
02:40→06:20

函館→青森
00:30→04:10

■青函フェリー

青森→函館
02:00→05:50

函館→青森
02:00→05:50

津軽海峡フェリー・青函フェリーともに青森発、函館発の深夜便が1便ずつある

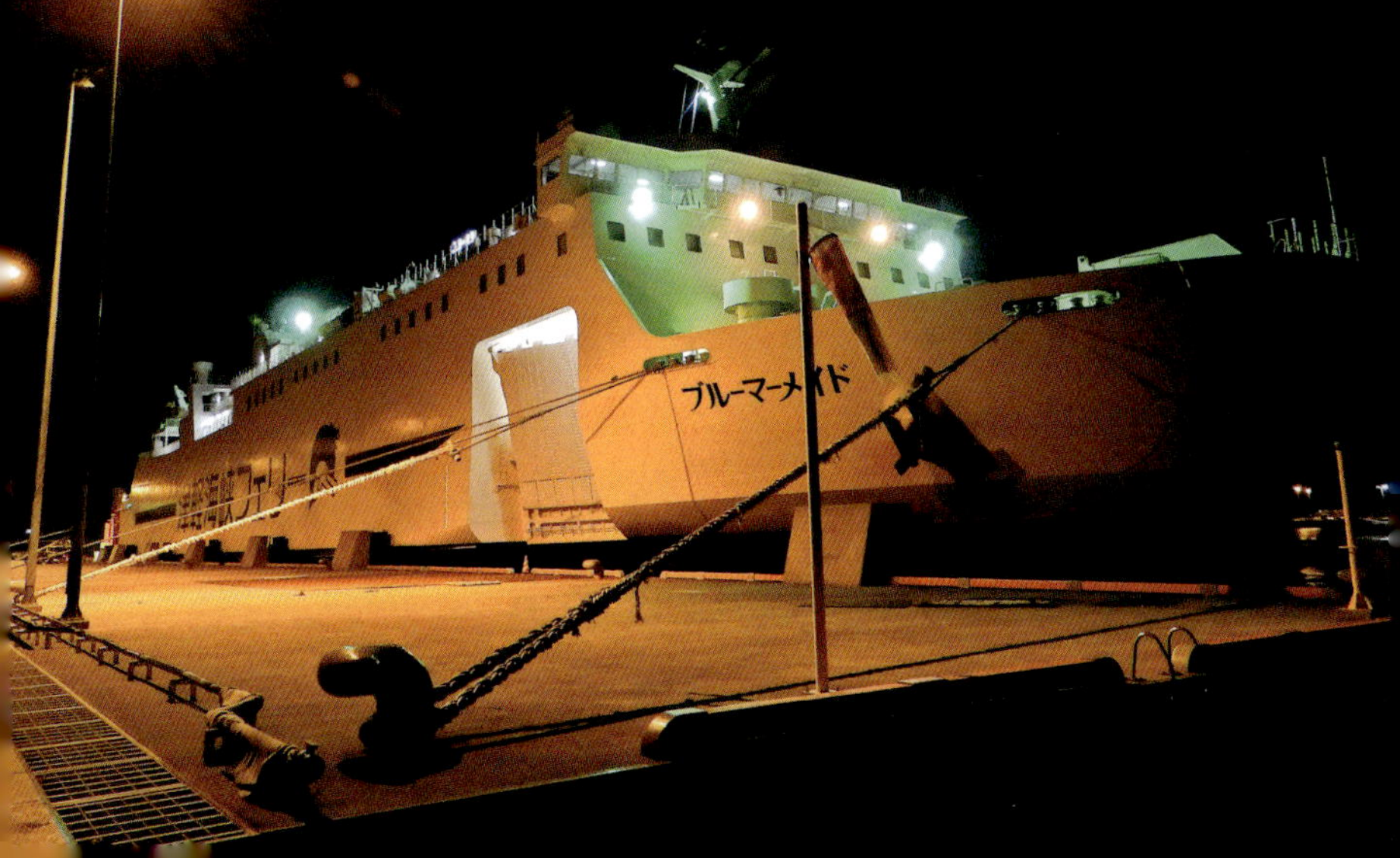

青森港で02:40の出航を待つ「ブルーマーメイド」(8820トン、津軽海峡フェリー)

02

首都圏と北海道を結ぶ大動脈

深夜旅情	★★★
孤愁感	★★★
運航距離	751km
所要時間	18時間

商船三井フェリー

大洗↕苫小牧

茨城県東茨城郡大洗町　北海道苫小牧市

深夜便
（00:00～03:00発）

大洗→苫小牧
01:45→19:45
苫小牧→大洗
01:30→19:30

大洗発、苫小牧発ともに1便の深夜便がある

大洗港で01:45の出航を待つ「さんふらわあ しれとこ」（1万1410トン、商船三井フェリー）

03

最長距離を誇る深夜航路

深夜旅情	★★★★
孤愁感	★★
運航距離	948km
所要時間	20時間

新日本海フェリー

敦賀 ↓ 苫小牧東港

福井県敦賀市

北海道勇払郡厚真町

深夜便
(00:00～03:00発)

敦賀→苫小牧東港
00:30→20:30

苫小牧東港発敦賀行は23:30発のため、本書における深夜便は敦賀発の便のみ

敦賀港で00:30の出航を待つ「すずらん」(1万7382トン、新日本海フェリー)

04

稀少な鉄道連絡航路

南海フェリー

和歌山
↕
徳島

和歌山県和歌山市

徳島県徳島市

深夜旅情	★★★
孤愁感	★★★★
運航距離	61km
所要時間	2時間15分

深夜便
（00:00～03:00発）

和歌山→徳島
02:40→04:55

徳島→和歌山
02:55→05:10

和歌山発、徳島発ともに1便の深夜便がある

和歌山港で02:40の出航を待つ「フェリーかつらぎ」（2620トン、南海フェリー）

05

往年の夜行人気を保つ深夜航路

ジャンボフェリー

神戸↓小豆島（坂手）

兵庫県神戸市中央区

香川県小豆郡小豆島町

深夜旅情	★★
孤愁感	★
運航距離	148km
所要時間	6時間30分

深夜便
（00:00～03:00発）

神戸→小豆島（坂手）
01:00→07:30

＊高松経由

＊土休日ダイヤは時刻変更あり

神戸発（高松経由）小豆島（坂手）行に深夜便（下り）がある

高松→神戸
01:00→05:15
（小豆島経由なし）の上り深夜便もあり

神戸港に入港する「こんぴら2」（「りつりん2」の姉妹船、3664トン、ジャンボフェリー）
神戸24:00着の便。このあと01:00発小豆島行の便となって折り返す

06

徒歩客利用が僅少の深夜航路

深夜旅情	★★★
孤愁感	★★★★★
運航距離	220km
所要時間	7時間

四国開発フェリー（オレンジフェリー）

神戸↓新居浜

兵庫県神戸市東灘区
愛媛県新居浜市

深夜便
（00:00～03:00発）

神戸（六甲）→新居浜
01:10→08:10
＊日・月および祝日・祝日の翌日は運休

新居浜発神戸行は16:30発のため、深夜便は神戸発の便のみ

神戸港で01:10の出航を待つ「おれんじホープ」（1万5732トン、オレンジフェリー）
六甲アイランド対岸にある潮芦屋ビーチから撮影

07

深夜の通勤航路

深夜旅情	★★
孤愁感	★★
運航距離	4.5km
所要時間	15分

四国汽船

宇野↕直島（宮浦）

岡山県玉野市

香川県香川郡直島町

深夜便
（00:00～03:00発）

宇野→直島（宮浦）
00:35→00:50

直島（宮浦）→宇野
00:15→00:30

宇野発、直島発ともに
1便の深夜便がある

直島（宮浦港）で00:15の出航を待つ宇野行「アートバード」（19トン、四国汽船）

08

中国・四国を結ぶ唯一の深夜航路

深夜旅情	★★★
孤愁感	★★★★
運航距離	61.2km
所要時間	2時間25分～2時間35分

周防大島松山フェリー／防予フェリー

柳井↕松山

山口県柳井市

愛媛県松山市

深夜便
（00:00～03:00発）

■周防大島松山フェリー

柳井→松山（三津浜）
01:00→03:25

＊伊保田経由

＊日曜運休

■防予フェリー

柳井→松山（三津浜）
02:00→04:35

＊日曜運休

松山（三津浜）→柳井
01:40→04:15

＊日曜運休

2社が同航路を運航。両社を合わせると、柳井発、松山発ともに深夜便がある
途中寄港（伊保田）があるのは、周防大島松山フェリーが運航する便

柳井港で01:00の出航を待つ「しらきさん」（443トン、周防大島松山フェリー）

09

中国・九州を結ぶ唯一の深夜航路

深夜旅情	★★★★★
孤愁感	★★★★★
運航距離	48km
所要時間	2時間

周防灘フェリー

徳山↓竹田津

山口県周南市

大分県国東市

深夜便
(00:00～03:00発)

徳山→竹田津
02:00→04:00

竹田津23:40発(徳山25:40着)の夜遅い便はあるが、本書における深夜便は徳山発竹田津行の1便のみ

徳山港に入港する「ニューくにさき」(725トン、周防灘フェリー)
徳山25:40着の便。このあと02:00発竹田津行の便となって折り返す

10

四国・九州を結ぶ
深夜の大動脈

宇和島運輸／九四オレンジフェリー

八幡浜⇕臼杵

愛媛県八幡浜市
大分県臼杵市

深夜旅情	★★
孤愁感	★★
運航距離	67km
所要時間	2時間20分～2時間25分

深夜便
（00:00～03:00発）

■宇和島運輸

臼杵→八幡浜
00:55→03:15

＊日曜運休

02:40→05:00

■九四オレンジフェリー

八幡浜→臼杵
01:15→03:40
02:50→05:15

2社が同航路を運航。両社を合わせると、臼杵発、八幡浜発ともに深夜便が2便ある
宇和島運輸では類似航路、八幡浜00:20→別府03:10の深夜便もある

臼杵港で00:55の出航を待つ「さくら」（2334トン、宇和島運輸）
2017年12月以降は「さくら」に代わり「あけぼの丸」が就航

II

孤愁ナンバー1の深夜航路

深夜旅情	★★★★★
孤愁感	★★★★★
運航距離	78km
所要時間	3時間10分

宿毛フェリー
宿毛↓佐伯

高知県宿毛市

大分県佐伯市

深夜便
(00:00～03:00発)

宿毛→佐伯
00:30→03:40

1日3往復運航されている航路
深夜便となるのは宿毛発佐伯行の1便のみ

註：本書（第1刷）刊行後、2018年10月に宿毛フェリーは運航休止となりました

宿毛港に入港する「ニューあしずり」（999トン、宿毛フェリー）
宿毛24:00着の便。このあと00:30発佐伯行の便となって折り返す

12

玄界灘を貫く
深夜航路

深夜旅情	★★★
孤愁感	★★★
運航距離	138km
所要時間	4時間40分 ～5時間

九州郵船／壱岐・対馬フェリー

博多→対馬（厳原）

福岡県福岡市
長崎県対馬市

深夜便
（00:00～03:00発）

■九州郵船
博多→対馬（厳原）
00:05→04:45
＊壱岐（芦辺）経由

■壱岐·対馬フェリー
博多→対馬（厳原）
00:30→05:30
＊壱岐（芦辺）経由
＊時期·曜日によって経由地·時刻変動あり

3社が同航路を運航（九州郵船、壱岐·対馬フェリー、対馬海運）
深夜便となるのは、九州郵船と壱岐·対馬フェリーの博多発対馬（厳原）行の便

博多港で01:00（ドックダイヤ）の出航を待つ「みかさ」（671トン、壱岐·対馬フェリー）

13

日本一眠らない航路

鹿児島↕桜島

鹿児島市船舶局（桜島フェリー）

鹿児島県鹿児島市本港新町

鹿児島市桜島横山町

深夜旅情	★★★★★
孤愁感	★★★★
運航距離	3.4km
所要時間	15分

鹿児島港に入港する「第十八櫻島丸」（1240トン、鹿児島市船舶局）鹿児島02:15着の便。このあと02:30発桜島行の便となって折り返す

深夜便
（00:00～03:00発）

鹿児島→桜島
00:30→00:45
01:30→01:45
02:30→02:45

桜島→鹿児島
00:00→00:15
01:00→01:15
02:00→02:15
03:00→03:15

鹿児島発、桜島発ともに複数の深夜便がある

14

深夜の秘境トカラ航路

深夜旅情	★★★★★
孤愁感	★★★★
運航距離	429km
所要時間	16時間50分

鹿児島県十島村（フェリーとしま）

奄美大島（名瀬）→鹿児島

鹿児島県奄美市

鹿児島県鹿児島市

深夜便
（00:00～03:00発）

奄美大島（名瀬）
→鹿児島
02:00→18:50

＊水曜日、日曜日運航（註：金曜日の運航があるなど各月変動あり）

＊宝島、小宝島、悪石島、平島、諏訪之瀬島、中之島、口之島経由

＊新船就航により2018年4月以降は鹿児島到着が18:20に変更（所要時間16時間20分）

鹿児島発名瀬行は23:00発のため、本書における深夜便は名瀬発鹿児島行のみ

名瀬港で02:00の出航を待つ「フェリーとしま」（1389トン、鹿児島県十島村）
2018年4月以降は「フェリーとしま」に代わり「フェリーとしま2」が就航

はじめに

午前0時を過ぎると——。

そこには、「扉」がある。

もうひとつの世界へと通じている扉が。


日付が変わるころ、拙宅の狭い空間にも静寂が訪れる。

布団にもぐり込んで、枕辺《まくらべ》の灯《あかり》で本を読む。

短くも長い一日が終わり、日付は変わっても実質の一日はまだはじまっていない。眠るにはまだ少し早い。そんな間《あわい》の時間に、あわただしい日常を離れ、枕辺で解放感に浸る。

ふと扉のことを考える。

もっと遠くへ行ってみたい、もっと新しい景色が見たい、と。

扉の先には、広い世界が待っている、と。

ハインラインのＳＦ小説『夏への扉』を思い出す。

——胸の中は凍りつくような「冬」であっても、主人公のダンは希望に充《み》ちた「夏への扉」を探しつづける。恋人と親友にこっぴどく裏切られ、仕事や自身の財産を失っても、「夏への扉」はきっと見つかる、と。そして飼い猫のピートも、同じく「夏への扉」の探索を日々やめようとしない。ピートは家にたくさんあるドアのどれかが「夏」に通じていると固く信じている。毎日すべてのドアをひとつずつ開けて、失望したとしても、明日には「夏への扉」が開かれるかもしれない、と。

ここでいう「夏」とは、明るく愉しい世界であり、希望ある未来そのものだ。

夜も深まり、どんどん想像が膨らむ。
そうだ。午前0時を過ぎると、扉が見つかるはず。
深夜は誰からも干渉されることのない時間。
最も日常を離れられる時間だからこそ、見えてくるもの、感じられるものがあるはず。
午前0時を過ぎた時刻に旅立ちたい。
全国の深夜航路の旅に出かけよう。
枕辺で、そう決めた。

金曜日の夜、ぐずぐず残業したり、飲んでいる場合ではない。

週末をだらだらと過ごしている場合でもない。

40代後半である私の場合、人生の半分はもう過ぎ去っている。

社会人になってからの二十数年を振り返ると、いったいこれまで何をしてきたのだろうかと、ついつい考え込んでしまう。堪《こら》え性《しょう》もなく職場を転々とし、現在勤める小さな会社は7社目。会社を辞め、大学院で中部アフリカの研究に没頭していたこともある。そして、合間合間にはライフワークとして海や島をめぐる旅を重ねてきた。

そんなフラフラした二十数年だったものの、大雑把に捉えると、家と職場を往復する日々、目の前の仕事に追われる日々で、時間の大半を費やしてしまったのではないか。それでもさしたる貯蓄もなければ、ステータスらしきものもない。いやいや、この際、自己の利得と威信はどうでもいい。しかし、五十近くにもなって自らの家庭も築いていない。

そんな通り過ぎた時間を思うと、少し悲しくなる。

もう、やりたいことを先延ばしにして「明日」を待つのはやめよう。

おおよそ平日はカツカツの勤め人として何かしら仕事に追われているものの、なんとか時間とお金をやりくりして、深夜航路の旅に出かけることにした。

いったい午前0時を回ってから出航する定期航路は、日本全国でいくつあるのだろうかと調べてみると、時刻改正によって多少変動はあるものの、全国で14航路しかない。

本書では、深夜帯（午前0時から3時まで）に出航する定期航路を深夜航路として定義したい（午前0時前に出航し、到着および寄港が深夜帯となるケースは除く）。そのため、22時台や23時台といった時間帯に出航する航路は、心苦しくも含まなかった。最たるものには「苫小牧《とまこまい》23時59分発八戸行《はちのへ》」の航路（川崎近海汽船）があるが、本書では深夜航路としては含んでいない。

自身の旅としては、東京・竹芝埠頭《たけしばふとう》を22時・23時台に出航する東海汽船や一昼夜航行する小笠原海運といった航路（午前0時までに出航し、夜を通して航行するもの）のほうがこれまで馴染み深かったが、本書では日付をまたいだ時刻に出航する便だけにフォーカスして「深夜旅情」を追いたい。

本書の巻頭口絵では、すべての深夜航路、全国14航路を紹介した。それにもとづいて、本文では深夜航路の乗船記（全14航路）をつづった。ただし、14航路の中には、同航路ながら数社が運航を行っていたり、上り下りの両便で深夜航路があるケースもある。その際は、いずれかの1便を選択して乗船した。

また、それぞれの深夜航路を乗り通したあとも、できる限り「その先の旅」をつづけた。新鮮な朝を迎えて、すぐに旅を終えてしまうのはもったいない。

つまり、深夜航路は「乗ること自体が目的」にもなれば「一夜を明かす移動手段」にもなる。その両面から深夜航路を捉えて、旅を重ねた。

午前0時を過ぎると、旅がはじまる。
真っ暗な海、星が瞬《またた》く空、静まり返った船内。
深夜の船のデッキに立つと、遠ざかる陸《おか》の灯が、ゆっくりと流れていく。
船が沖へと向かうと、一切が暗闇に包まれ、やがて何も見えなくなる。
だからこそ、何かが見えてくるのではないか。
もうひとつの世界へと通じている扉が見つかるのではないか。
深夜航路に乗って、夜の静寂へと向かいたい。

目次

はじめに　1
凡例　8

01
青森↓函館
往年の青函連絡船を彷彿させる深夜航路
02:40発 06:20着　津軽海峡フェリー　9

02
大洗↓苫小牧
首都圏と北海道を結ぶ大動脈
01:45発 19:45着　商船三井フェリー　35

03
敦賀↓苫小牧東港
最長距離を誇る深夜航路
00:30発 20:30着　新日本海フェリー　57

04
和歌山↓徳島
稀少な鉄道連絡航路
02:40発 04:55着　南海フェリー　75

05
神戸↓小豆島(坂手)
往年の夜行人気を保つ深夜航路
01:00発 07:15着　ジャンボフェリー　95

06
神戸↓新居浜
徒歩客利用が僅少の深夜航路
01:10発 08:10着　四国開発フェリー　119

07
直島(宮浦)↓宇野
深夜の通勤航路
00:15発 00:30着　四国汽船　139

08 柳井→松山 中国・四国を結ぶ唯一の深夜航路 01:00発 03:25着 周防大島松山フェリー 155

09 徳山→竹田津 中国・九州を結ぶ唯一の深夜航路 02:00発 04:00着 周防灘フェリー 175

10 臼杵→八幡浜 四国・九州を結ぶ深夜の大動脈 00:55発 03:15着 宇和島運輸 195

11 宿毛→佐伯 孤愁ナンバー1の深夜航路 00:30発 03:40着 宿毛フェリー 215

12 博多→対馬(厳原) 玄界灘を貫く深夜航路 01:00発 05:30着 壱岐・対馬フェリー 237

13 鹿児島→桜島 日本一眠らない航路 02:30発 02:45着 鹿児島市船舶局 259

14 奄美大島(名瀬)→鹿児島 深夜の秘境トカラ航路 02:00発 18:50着 鹿児島県十島村 283

おわりに 312

引用・参考文献 317

凡例

・本書で用いる「航路」は「船舶が定期的に往来する水路」を指す。航空機による空路の往来は含まない
・本書における「深夜航路」は、起点となる港を深夜帯（午前0時から3時まで）に出航する定期航路を指す。午前0時（24時）前に出航し、到着および寄港が深夜帯となる航路は含まない
・時刻は24時間制を用いるが、午前0時（24時）前に出航し日付をまたいだ深夜に到着する便に限っては、到着時刻は24時、25時表記を用いる
・各航路の時刻や旅客運賃は、２０１７年乗船時のもの。船舶会社各社ホームページ、『２０１７年春季号・秋季号　フェリー・旅客船ガイド』（日刊海事通信社）を参照した。最新情報は船舶会社各社ホームページを参照のこと。また、乗船に関連する鉄道・バスの時刻も２０１７年当時のもの
・平日ダイヤ、土休日ダイヤ、臨時ダイヤ、休航日、ドックダイヤ等、最新ダイヤの詳細は船舶会社各社ホームページを参照のこと
・同航路で2社あるいは上り下り両便で深夜便がある際は、いずれかの便を選択して乗船記をつづった
・本書刊行時の深夜航路は厳密には「八幡浜～別府航路」を加えると全国15航路となるが、「八幡浜～別府航路」は「八幡浜～臼杵航路」と類似していることから、前者は後者の一部として扱う
・本文の引用文中の〔　〕は、引用者による補足を示す

01

青森
↓
函館

青森県青森市

北海道函館市

往年の青函連絡船を彷彿させる深夜航路

青森↓函館

現在、青函航路は津軽海峡フェリーと青函フェリーが、いずれも24時間体制で運航を行っている。本項前半で紹介するのは青函フェリーで、後半は津軽海峡フェリーによるもの。青森と函館、113キロの距離を3時間40〜50分で結ぶ。今や青森駅や函館駅を発着する夜行列車はすべて廃止されているため、青函航路の深夜便はとくに貴重な存在。

02:40 発
06:20 着

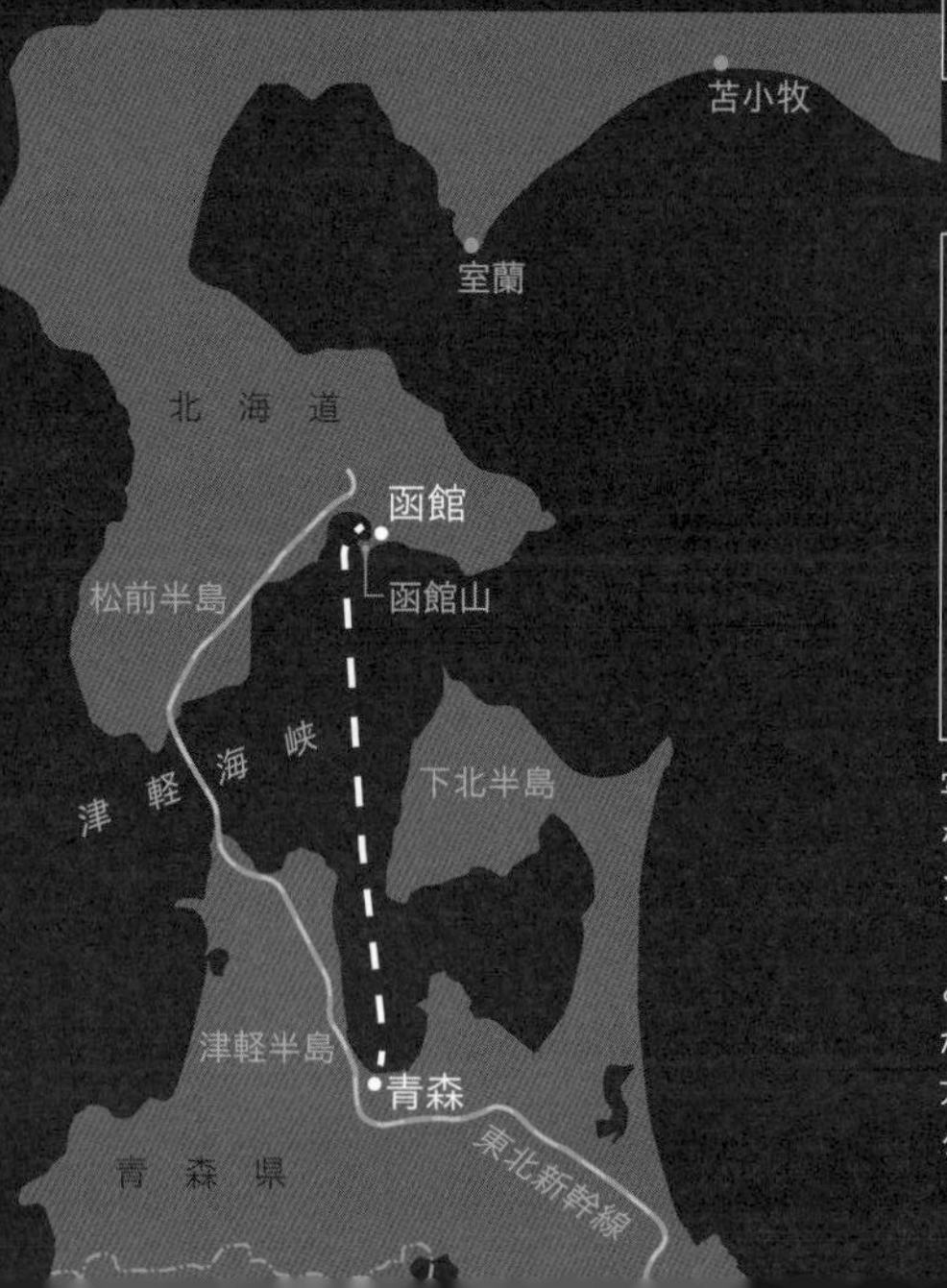

津軽海峡フェリー

写真は青森港で02:40の出航（函館行）を待つ「ブルーマーメイド」（8820トン、旅客定員583名）。全長は144.5メートルと大型。船室は上層階（個室タイプ）と下層階（一般的なカーペット席）に分かれ、「ビューシート」と呼ばれる、進行方向の海を窓越しに眺められる座席（リクライニングシート）も設けられている。

深夜航路への誘《いざな》い

はじまりは、冬の日、２０１６年の12月24日だった。

当時、海辺の写真を撮るために、津軽地方をひとりで旅していた。

「海の見える無人駅」を旅のテーマにして、仕事の合間を縫《ぬ》っては全国に出かけていた。夕刻を過ぎ、急にもう1日だけ旅程を延ばしたくなる。少し足を延ばして、別の場所でも撮影してみたい、と。しかし、宿の予約はしていない。

その日は、折しもクリスマスイブ。

宿の空きは少ないだろうし、宿の手配も面倒に思えたので、24時間運航している青函フェリーで青森と函館を往復して一夜を明かすことにした。しかも調べてみると、フェリー料金は往復で３０００円ほどと格安。

青森港から青函フェリー（「あさかぜ5号」）に乗り込み、函館港へと向かう。

青森20時30分発の便。クリスマスイブの夜。

ガラガラの船内。大半はトラック輸送で、徒歩客はほとんどいない。自分を除けば、徒歩客はあと2名だった。船内でシャワーを浴びて、（雑魚寝タイプの）カーペット席にごろんと寝そべり、うす暗い蛍光灯がともる天井を眺めてうつらうつら。トラックドライバーと徒歩客がカーペット席にぽつんと佇《たたず》んで眠っているものの、船内は広々としているため、空間を独り占めしているような感覚になる。

日付が変わった25日の24時20分、函館港に到着。

下船すると、港は風が吹きすさび、寒さに耐えかねて、あわててターミナルビルに駆け込む。

しばらく待合所で待機してから、2時00分発青森行の折り返し便（青森5時50分着）に乗り込む。

青森へのトンボ返りだ。

船に乗り込むのは、またもやトラックばかり。

深夜のためか、徒歩客は誰もいなかった。


そうこうしていると、不思議な気持ちになる。

ここには「もうひとつの時間」が流れている、と。

クリスマスは誰かと愉しくゆっくり過ごすもの——。

そんなお仕着せのクリスマスには目もくれず、青函フェリーはたんたんと寒空の下で動いている。氷点下の深夜、甲板員はもくもくとトラックを車両甲板（船室の下にある車両を載せるフロア）へと誘導する。

午前2時00分、青森港へ向けて船は港をゆっくり離れる。

デッキに出ると、細かい雪交じりの風が頬《ほお》を刺す。澄んだ夜空に月がぽこっと浮かび、散らばる星の瞬《またた》きが力強い。

やがて函館の煌々《こうこう》とした街の灯《あかり》が遠ざかると、市街の南西に聳《そび》える函館山が左舷《さげん》に見えてくる。

黒々とした山影をどっかと海に浮かべている。函館山は美しい夜景が望める展望台で広く知られているが、山の海側（西・南側）は灯ひとつなく、真っ暗だ。

船が沖へと進むにつれて、景色は静寂が支配していく。

どこまでも闇夜と暗い海が広がり、時おり見えるのは漁船や沖合に停泊している船の灯だけ。


まるで、「ジェットストリーム」だ。

そんな船旅に思えた。

青年期に夢中になったFMラジオの「ジェットストリーム」。

その影響は大人になった今でも沁《し》みついている。

午前0時を回ると、あのメロディとナレーションが流れ、「夜間飛行」がはじまる。

遠い地平線が消えて、
深々とした夜の闇に心を休めるとき、
はるか雲海の上を
音もなく流れ去る気流は、
たゆみない宇宙の営みを告げています。

満天の星をいただく果てしない光の海を、
ゆたかに流れゆく風にこころを開けば、
きらめく星座の物語も聞こえてくる
夜の静寂《しじま》のなんと饒舌《じょうぜつ》なことでしょうか。

（「欧州篇」『JET STREAM　旅への誘い詩集』）

学生時代、深夜に「ジェットストリーム」を聴きながら、いつも枕辺《まくらべ》で想像を膨らませていた。さえない日常や些細《ささい》な悩みにとらわれている自分から解放される「旅」は、午前0時を過ぎてからはじまるのだと。

40代となった今、午前0時を過ぎた深夜の航路に乗ってみて気づく。飛行機ではなく船の旅であっても、深夜の航路に広がる世界は、「ジェットストリーム」そのものではないかと。

そんな青函フェリーでの体験が契機となって、午前0時以降の深夜に特化した船旅を2017年からはじめることとなった。

再びの青函深夜航路

冬はもう近い。
そう思わせる情景が、夜の港に広がっている。

２０１７年10月下旬の土曜日、真夜中の青森港へとやって来た。気温は5度。見上げると、ぴしっと澄んだ夜空に星屑《ほしくず》がくっきり瞬いている。岸壁から真っ暗な海を眺めると、海面から湯気のような白い煙がびっしりと立ちのぼっている。あたたかな海面が夜の冷気にさらされて、発生する蒸気霧《じょうきぎり》だ。

先述したように、２０１６年の12月には青函フェリーに乗ったので、今回は津軽海峡フェリーに乗ってみることにした。青森と函館間は同ルートで両フェリーが運航している。運賃は青函フェリーが少し安く、津軽海峡フェリーは船内の設備や快適さをウリにしている。

午前2時。隣の桟橋《さんばし》からは、青函フェリーの「あさかぜ21」（２０４８トン）が、一足先に函館へ向けて出航していく。

そして、青森2時40分発の「ブルーマーメイド」（８８２０トン、津軽海峡フェリー）に乗り込む。全長１４４・５メートル、旅客定員５８３名という大きな船。大型トラックや乗用車が次々と車両甲板に吸い込まれていく。

車両甲板からエスカレーターで船室に上がると、2時を過ぎた夜遅い時間帯であることを思わず忘れそうになる。「ブルーマーメイド」は２０１４年に就航した新しい船で、船内は明るく美しい。設備も豪華。そんな空間ゆえに、真夜中の移動空間に特有な「睡気漂う空間」「気だるい雰囲気」をまるで感じさせない。

出航前に汗を洗い流す。湯船は備えられていないものの、船内には清潔な男女別のシャワールームがあり、無料で自由に使うことができる。

2時40分、出航。外のデッキに出て、遠ざかる青森の街を眺める。空気が澄んでいて、灯に照らされた夜の街がくっきりと立体的に見える。船上で冷気にあたりながら、沖に進むにつれてまばらになっていく街の灯を眺めていると、ふと淋しい気持ちに包まれる。北へ向かうひとり旅ゆえか、冷気が淋しさを喚起するのか。淋しさというのは複雑な感情のようで、その物悲しさがどこかしら心地よく感じられたりもする。


「夜間の航行中は、安全のため外のデッキは立ち入り禁止となります」との船内アナウンスが流れる。新しい船だけに乗客の安全管理も徹底されているようで、すごすごと船室へと戻る。今夜の船室は「ビューシート」。船室の最前部にずらっと座席が横に並んでいる。進行方向の海を窓越しに眺めながらくつろげるリクライニングシートだ。ただし、夜間は「(外に灯が漏れると航行の妨げになるため、前方窓の)ブラインドは開けないでください」とのこと。

3時を過ぎ、このまま寝るしかないか……と迷いつつ、ビューシートで目を閉じる。シートはがっしり身体を包み込んで水平にまで後ろに倒せるため、あっという間に眠りに落ちてしまう。

目を覚ますと、もう5時半を回っている。

あたりの空が白んでいるので、あわててカメラを手にして外のデッキに出る。外の澄んだ空気は刺すように冷たい。寝不足の身体が寒さに驚いて悲鳴をあげてしまう。

「ブルーマーメイド」よりも一足先に青森港を出航する、02:00発の青函フェリー(「あさかぜ21」)

進行方向が窓越しに眺められる「ビューシート」(「ブルーマーメイド」)

函館山が、右舷に見える。木々に覆われた大きな島のようだ（実際に約5000年前は島だったが、砂が堆積《たいせき》して陸つづきになった）。

あたたかい船室に戻って、ビューシートのブラインドを上げると、函館港の岸壁がゆっくり前方に近づいてくる。

6時20分、函館港に到着。

下船前に案内所で本船の乗客数を訊《き》いてみたところ、「ちょうど100名ですね」とのこと。ドライバー客と徒歩客を合わせて100名。長い搭乗橋《とうじょうきょう》（ボーディングブリッジ）を渡って下船する際に徒歩客を数えてみたところ、ざっと20名。深夜便にしては意外と多い。函館到着は土曜日の朝だったので、週末旅の徒歩客が多かったのかもしれない。

実際に2016年に北海道新幹線（新青森〜新函館北斗間）が開通してから、意外にも青函航路の乗客は増えているという。それまで青森と函館を結んでいた在来線の特急は、新幹線の開通とともに廃止。特急料金は新幹線という高速化の実現によって金額が上がり、船と鉄道との料金差がいっそう開いたためだ。

青森と函館間の移動は、新幹線と在来線を利用した鉄道の場合は片道7000円以上かかってしまう（青森駅〜函館駅）。しかし、船を使えば新幹線のおおよそ3分の1の料金で移動できる。青函航路は季節によって運賃は変動するが、最安は青函フェリーの片道1600円（10〜5月）で、今回乗船した津軽海峡フェリーも片道2750円（ビューシートの運賃）と高くはない。

朝の船上から眺める函館山

函館港に到着した「ブルーマーメイド」。搭乗橋がターミナルへと通じる

そんな状況下で、深夜便であっても徒歩客は少しずつ増えてきているのかもしれない。函館港で到着したばかりの「ブルーマーメイド」を眺めていると、大型トラックが次々と勢いよく吐き出されていく。青函航路は本州と北海道を結ぶ大動脈。とくに首都圏と札幌圏を結ぶ重要なトラックルートになっている。

そんな下船風景を横目で見ながら、ターミナル前に停まっていたタクシーにそそくさと乗り込む。空《す》いた道を15分ほど走ると、函館山の東の麓《ふもと》にある住吉《すみよし》漁港に到着。ちょっと急いだのは、事前に電話で漁船を7時に出してもらう予約を入れておいたため。

船のチャーターは、海況もあれば釣り客の予約もあるので、毎度なかなか難しい。しかも直前に「風が強い」「波が出てきた」とキャンセルされることも結構ある。

しかし、この日は快晴。

「第18金龍丸」の船長さんが、私ひとりを乗せて、予定通り船を出してくれる。

函館山麓の寒川集落跡を探して

漁船で目指すは、函館山の海側（西・南側）。

このあたりは、断崖絶壁のため陸路では近づけない。函館山は、明治時代後半から第二次大戦後までは一般の立ち入りが禁止されていた要塞《ようさい》だった。そのことからもわかるように、周囲の大半は海から切り立った崖になっている。ゆえに、青函航路の船上から函館山を眺めると、人工物が見当たらず、こんもりと濃い緑に覆われた山に見える。

２０１６年12月に青森行の青函フェリーに乗った際は、函館発が午前2時だったため、函館市街の灯が船上からよく見えた。そして、煌々とした街の灯とは対照的に、黒々とした影絵のような函館山が異様な存在感で鎮座していた。街の明るさと函館山の暗さのコントラストが、何より印象的だった。

それ以来、函館山の海側の「何もなさ」がずっと気になっていた。

函館山といえば、今やロープウェイで山頂にのぼり、美しい夜景を眺められる場所。一般的に知られた身近な山なのに、函館山の海側には、なぜこうも何もないのか、夜に灯ひとつないなんて、と。

そうして調べてみると、かつてはここにも集落の灯があったという。

約60年前まで、寒川《さむかわ》という小さな集落が浜辺に存在していた。

函館市中央図書館で郷土資料をあれこれ調べていると、かつての集落の様子が少しずつ見えてくる。

寒川集落のはじまりは、１８８４（明治17）年。

総勢８戸20名の漁師が、富山県宮崎《みやざき》村から入植した。浜辺の手狭な場所ではあったものの、ここには湧き水が流れていた。当時、寒川の沖合では、ブリやマグロ、イカなどが豊富にとれた。

しかし、明治末期には魚が少なくなり、漁場は近海から北洋漁業（樺太《からふと》やカムチャッカ）へと変わっていった。それでも、集落は北洋漁業への中継地として賑わい、舟宿もつくられた。集落最盛期の1935年には12戸64名を数え、1907年には分教場《ぶんきょうじょう》（幸《さいわい》尋常《じんじょう》小学校所属特別教育所）もつくられていた（1943年廃校）。

集落の人口減は、第二次大戦が契機となった。戦争で北洋漁業が中止され、漁師が集落を去っていく。さらに終戦後は、利便性に勝る函館市街との経済格差が開く一方で、人口はさらに減っていった。

そして、1954年。北海道を中心に大きな犠牲をもたらした「洞爺《とうや》丸《まる》台風」が寒川集落を襲った。磯舟は流失し、土石流によって家屋の多くは倒れた。住民は親戚や知人を頼って市街地への転居を余儀なくされ、集落の灯は実質的に消えた。1957年、ついに最後の住民が寒川集落を去ったことにより、70年つづいた寒川集落の歴史は幕を下ろした。

そんな60年前まで灯があった集落は、今どうなっているのか。

船長さんは、集落のあった浜辺の近くまで船を寄せてくれる。

大きな岩や流木がごろごろ転がる海岸には、すぐ背後に山が迫っている。

今はもう何もない――。

かろうじて、漁民の作業場や宿泊小屋となっていた番屋の石垣跡（土台跡）が見えるのみ。背

寒川集落があった海岸。かつて海岸と山に挟まれたわずかな平地に集落があった（中央から右側の白っぽく映る岩が転がっている浜辺が集落跡）。背後に険しい函館山が迫っている

番屋の土台となっていた石垣跡（旧寒川集落）が船上から見える

後の山に目を凝らすと、段々畑跡の階段状の地形が目に入ってくるくらい。船長さんに訊くと、10年ちょっと前までは家屋跡も少しは残っていたものの今は何もなくなった、とのこと。

集落にはほとんど平地がなかったため、当時は海岸と崖の間にへばりつくように家屋が建てられていたという。海岸に面した幅400メートル、奥行きは30メートルほどという限られたスペースに集落がつくられていたというから、海がシケたときは強い波風に煽《あお》られたことだろう。

今は何もない海岸を眺めていると、60年前まで、ここに寒川集落があったことが幻のように思えてくる。

この集落跡で目を惹くのは、海岸沿いにつくられた小径《こみち》跡だ。

集落の背後には急斜面の函館山がある。そのため、海が大荒れでもない限り、集落の人々は海岸沿いにつくられた小径を通って、集落の北に位置する入舟町《いりふねちょう》や函館市街へと出かけていた。魚や海藻を魚市場で売っては、米や生活必需品を街で買い求めた。

小径は波の押し寄せる崖っぷちの道で、船から小径跡を目で追ってみると、海岸沿いに「帯のような小径跡」がくっきり残っている。海に切り立っている岩盤を平らに削って、人が歩けるようにした小径だ。ノミと金づちで岩盤を削ったという小径は、人ひとりがやっと通れるくらいの幅で、海面からは2メートルほどの高さしかない。絶壁が海にせり出して小径をつくれない箇所は、岩盤に小さなトンネルが掘られ、小径を集落へと通じさせている。

寒川集落に通じていた小径跡。波打ち際の崖に、人ひとりが通れる程度の小径が掘られている。絶壁が海にせり出している箇所は小さなトンネルが掘られ（右側）、その先は集落跡へと通じている

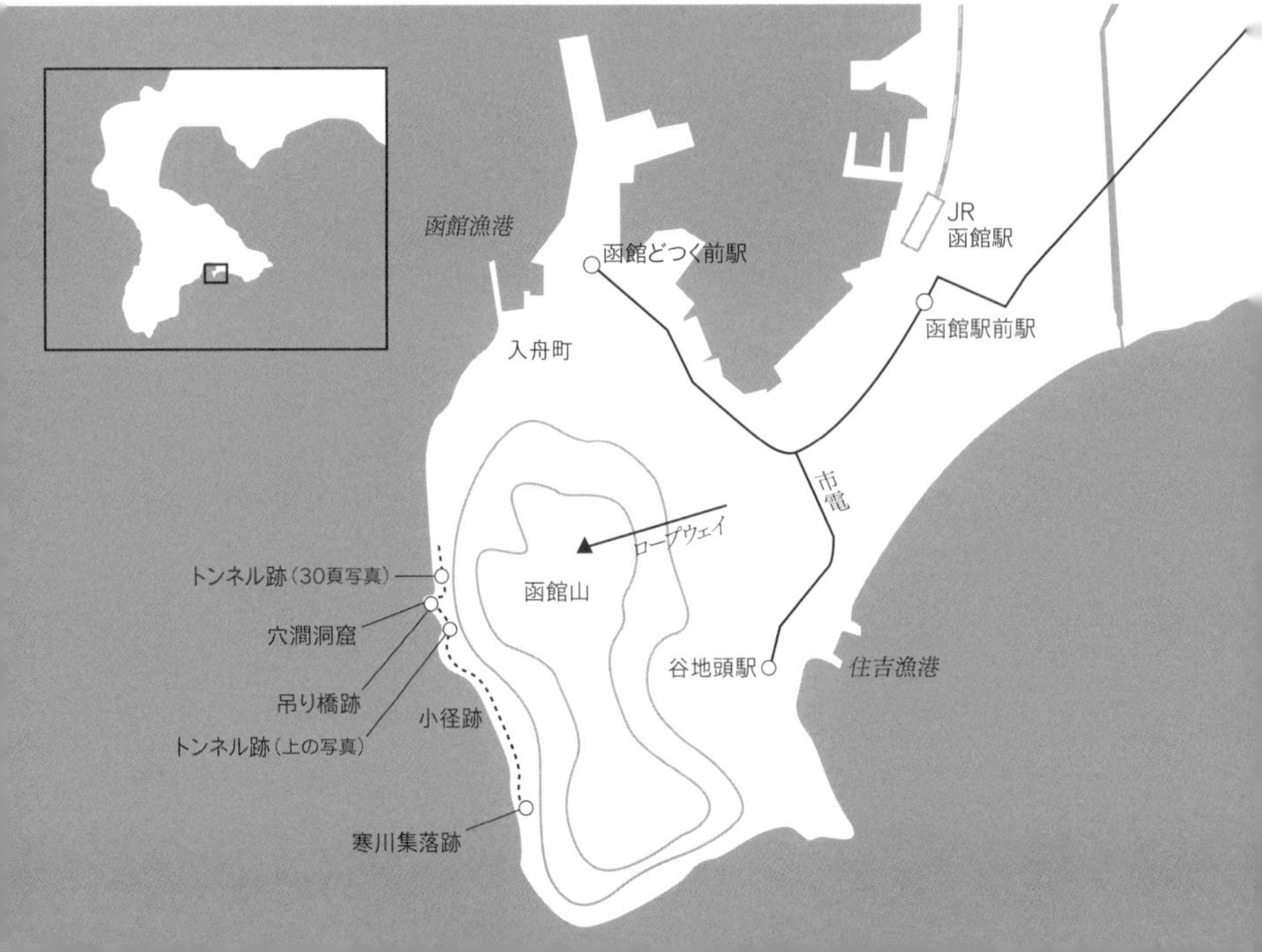

小径の最大の難所は、海に面した穴澗《あなま》洞窟だった。ここは、海側から陸地に向けて、波の浸食で崖の岩盤がトンネルのように深くえぐられている。穴澗洞窟（海蝕洞《かいしょくどう》）は、岩盤が大きく削り取られてしまっているため、小径やトンネルがつくれない。そのため、当時は吊り橋が架けられていた。今でも吊り橋を支えていた両端のコンクリートの橋台《きょうだい》が残されている。

揺れる吊り橋だったため、人が波にさらわれて、荒れる海に呑み込まれたこともあったという。過去の記録では、この穴澗の吊り橋で、何人もの集落の人が命を落としている。海が荒れれば、吊り橋はしょっちゅう落下し、小径が寸断された。年に数回も橋が壊れて、そのつどつけ替えられていた。

しかし、そもそも海が荒れている際に、なぜ危険な吊り橋を無理して渡らなければならなかったのか。

それは、苦渋の選択だった。

穴澗にある吊り橋がシケで通れない際は、山側の迂回《うかい》路を通らねばならなかった。といっても、この迂回路が山登りというよりもロッククライミングに近いような、70メートルほどの高さがある絶壁。そこは「勘七落し」と呼ばれていたようで、昔、勘七という漁師がここで転落死したことに由来しているという。

そんな地形だからこそ、海が多少荒れていても、無理して吊り橋を渡ろうとしたのも無理はない。しかも、北の海の表情は刻々と変化する。寒川集落から街へ出る際には穏やかに橋を渡れた

集落に通じる小径の最大の難所であった穴澗洞窟（かつて吊り橋が架かっていた場所）

1954年に発行された地図には、寒川集落と集落に至る道が西岸に沿って記されている（『1:50000 函館［1954］』地理調査所、国立国会図書館所蔵）

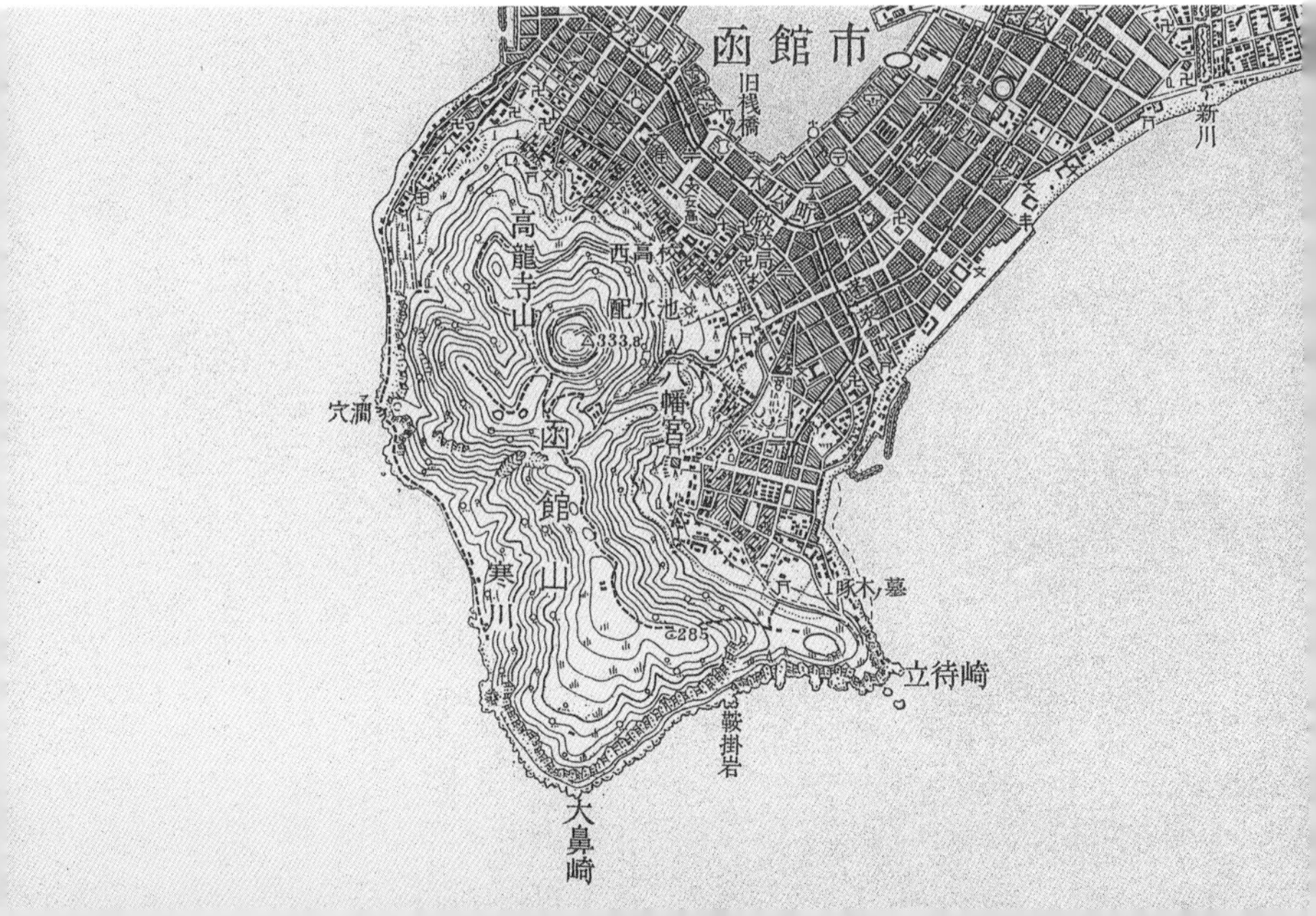

としても、街で用事を終えて集落に帰る際には、海が大荒れとなって橋を渡れないこともあったという。

とくに小さな子どもが家で待っている母親の場合は、とれた魚を街で売って買い出しを終えたあとは、なんとしても集落に戻らなければならなかった。たとえ海が荒れていようとも、強引に吊り橋を渡るしかなかったことは想像に難くない。しかも行きも帰りも大量の荷物を抱えていたであろうから、波で足をさらわれやすかったことだろう。

船長さんは、急に風と波が出てきたからといって、写真撮影をしていた私を船首から船尾へ移動するように促す。こんな秋の穏やかな日でも、海の状況は変わりやすい。船長さんは、函館は風が吹きやすいところだからという。とくに函館山が口蓋垂《こうがいすい》（喉ちんこ）のように、津軽海峡に突き出ているため、このあたりの沖合は風が強く流れ込みやすい。

90分ほどの遊覧を終えて、再び函館山の東の麓にある住吉漁港へと戻る。

船長さんと別れてからは、陸路で行けるところまで行ってみようと、漁港に近い函館市電の谷《や》地頭《ちがしら》駅から市電を乗り継いで北西へ向かい、終点の函館どつく前駅で下車。ここは、函館漁港がある入舟町。寒川集落からここに移り住んだ家族も多く、かつて寒川集落があった際も、沿岸の小径は寒川集落から入舟町に通じていたため、入舟町に出て用を足す人も多かった。

駅から先も2キロ近くは海岸沿いに道があるため、タクシーを停める。入舟町から寒川集落に近づく形で、陸路を南西へと向かいたい。

タクシーに乗り込み、行き先を何と告げるか逡巡《しゅんじゅん》したが、「(かつての)寒川集落に行く途中にあった、穴澗の吊り橋跡が見たくて……」というと、「珍しい。行きましょう、行きましょう」と合点《がてん》し、運転手さんが少し高揚して車を走らせてくれる。訊くと、運転手さんは入舟町出身で、子どものころは寒川集落跡にもよく遊びに行ったという。つまり、当時もう集落はなくなっていたものの、夏場の海水浴として子どもの身近な遊び場だったとのこと。

「(勝手にとって)持って帰ると怒られるから、その場でこっそりウニを食べたりもしてね」と。

それは、吊り橋がまだ残っていた40年以上も前の話で、「懐かしい」とたびたび口にする。入舟町を南西へと向かう沿岸の道は、やがて未舗装の道路となり、ついには行き止まりとなる。車で寒川集落に近づけるのは、ここまで。

「私も行くよ、懐かしいから」と、タクシーを停めた運転手さんは、海岸沿いの砂利道をすたすたと歩いて先導してくれる。岩がごろごろ転がっているため、歩きにくい。

周囲には、まだ比較的新しい靴跡が砂地に残っている。

「磯釣りでしょう。しょっちゅう来てる人がいるんだろうね」と、運転手さん。

そして南へ500メートルほど進むと、険しい岩場に行く手を阻まれる。でも、当時の小径跡である岩をくり抜いた小さなトンネルがあり、まだ先へ進むことができる。このトンネルを抜けた先は、いよいよ寒川集落に通じる一本道(小径跡)だ。

寒川集落に通じていた小径のトンネル跡（北側から撮影）。トンネルを抜けた先の小径は穴澗洞窟に通じている

トンネル跡を南側から撮影。ノミと金づちで手掘りされたトンネルのため、内部壁面はギザギザ、デコボコしている

穴澗洞窟に架けられていた吊り橋跡。この吊り橋を渡り小径をさらに進んだ先に、かつて寒川集落があった

小さなトンネルを抜け、ごつごつした岩場の小径をしばらく歩くと、穴澗の吊り橋跡（穴澗洞窟）にたどり着く。

右手はすぐ海、左手には山の絶壁が迫る。

先ほど船の上から眺めたように、洞窟は海岸から陸に向かって深くえぐれており、ここから先は通行不可能。ここにかつては洞窟（開口部）の海をまたぐような形で吊り橋が架けられていた。今でもコンクリートの橋台の端と端だけは残っている。吊り橋は10メートル足らずの長さだっただろう。吊り橋跡の橋台に立つと、眼下には青々とした海が控えている。吸い込まれそうに感じるくらい、洞窟の奥へと通じる海はどっぷりと深く澄んでいる。

ここに吊り橋が残っていれば、小径跡をさらに進んで寒川集落跡へとたどり着けるのに……。

過去の資料を調べてみると、吊り橋が架けられたのは1925年で、それ以前は、2本のワイヤーが張られていただけだった。つまり、高い位置と低い位置に1本ずつワイヤーを張った「橋」。上のほうに張られた1本を両手でつかみ、下方に張られたもう1本に両足をかけて、「横歩き」しながらすりすり進まなければならない難所だった。

引き返そう。

吊り橋跡をあとにして、運転手さんは足早に磯を伝い、トンネルを抜ける。岩がごろごろして歩きにくい砂利道を飛び石を渡るように、すたすたと車へと戻っていく。

時おり笑いながら振り返って声をかけてくれる。

「ちょっと、大丈夫？　なんか息が上がってますけど」と。

日ごろの運動不足が露呈してしまう。

タクシーに乗り込めば、あとは函館どつく前駅から市電でＪＲ函館駅に出て、新幹線で東京へと戻るのみ。速くて快適な新幹線に乗り込めば、おそらく駅弁をむしゃむしゃと食べて、ビールを飲んでは眠るのだろう。

寒川集落跡をあとにすると、日々、そんな利便性を与えられるものとして享受している自分が、少し恨めしい。


人は与えられた道を歩むのではなく、自ら道をつくっていくもの――。

ごつごつした岩を削ってできた小径やトンネル、吊り橋跡。

道なき道に残された暮らしの跡は、そんなことを語りかけてくるかのよう。

02

大洗↓苫小牧

茨城県東茨城郡大洗町

北海道苫小牧市

首都圏と北海道を結ぶ大動脈

大洗↓苫小牧

大洗《おおあらい》（茨城県）と苫小牧《とまこまい》（北海道）、751キロの距離を18時間で結ぶ。首都圏と北海道を結ぶ航路として、かつては釧路や室蘭を結ぶ航路も存在したが、現在では本航路が唯一の存在。1日2便（夕方便と深夜便）が運航されている。本項で紹介する深夜便は、トラック・貨物の輸送がメインのため、船内施設は夕方便に比べてシンプルなつくり。その分、深夜便ならではの気軽な船旅を満喫できる。

01:45	発
19:45	着

商船三井フェリー

写真は大洗港で01:45の出航（苫小牧行）を待つ「さんふらわあ しれとこ」（1万1410トン、旅客定員154名）。全長190メートルの白い船体の側面には、トレードマークの水平線から昇る朝陽が描かれている。船室は2階層で、上の階には展望ラウンジや食事スペースとなるホール、大浴場、下の階にはカジュアルルーム（相部屋の4人ベッド）などが配置されている。

深夜航路という「自由への逃走」

２０１７年6月下旬。乗り込んだのは、大洗1時45分発苫小牧行の深夜便。「さんふらわあ　しれとこ」（1万１４１０トン）の船体には、お馴染みの「太陽のマーク」がでかでかと描かれている。出航時は日付が変わって、もう土曜日。都市に飼いならされている平日から束の間脱け出せるという、悦びがじわりとわいてくる。

船は真っ暗な海へゆっくりと漕ぎ出す。一路、北へ北へと。

遠ざかる大洗港の橙《だいだい》色の灯を船上から眺めていると、解放感に包まれる。

大洗と苫小牧を結ぶ航路は、首都圏と北海道を結ぶ大動脈。首都圏在住であれば、金曜日の仕事を終えてから大洗発の深夜便に乗ることは、さして難しくない。「週末は（窮屈な）東京からの脱出」という高揚感に包まれる。「さっきまでは仕事、今はもう船上」という振り子のような変化が「脱出」を感じさせる。

東京の生活は月並みな表現ながら、やっぱり人を消耗させる。利便性を享受しながらも、どっぷり浸かると、仕事と消費ばかりの窮屈な世界だ。やれ仕事の成果だ、やれ遊びだと、経済的なことにどんどん押し流されていってしまう。気づけば空の広さや海の青さ、澄んだ気持ちも忘れそうになる。

01:00過ぎの大洗港ターミナル

01:45に大洗を出航、港の灯が遠ざかる

行動する必要性は、つねに他者によってつくりだされた状況に振り回される日常の空間とは対照的に（多くの人の職場での生活は間違いなくこうしたものだ）、状況を克服する個人の力を強化する。（中略）物や経験を買うためのカネを追いかけて人生を費やしているうちに、売られていたのは実際には僕らの中身だったのだ。

（『「立入禁止」をゆく』東郷えりか訳）

都市探検家のブラッドリー・L・ギャレットは、都市という巨大システムに個人が呑み込まれ、個人個人の人生よりも国家や資本の論理が優先されてしまうことに警鐘《けいしょう》を鳴らしている。ギャレットは、廃墟のホテル、閉鎖された地下鉄のトンネル、下水道や共同溝、超高層ビルのてっぺん……などと、あらゆる「立入禁止区域」への侵入を試みる。ロンドン、パリ、ベルリン、シカゴ、ラスベガスと世界を股にかけつつ。

このような非合法の行動を彼が厭《いと》わないのは、そこには信念があるからだ。都市の窮屈さに風穴を開けるという、強い信念。

都市という公共の空間では、行政や資本による管理が強化されて、今や一個人が窺《うかが》い知れないこと、アクセスできない場所が多すぎる。たとえば高層ビルがどんどん建てられ、垂直的な人工空間はどんどん増えているにもかかわらず、その大半はオフィスやマンションといった私的空間で、部外者はアクセスできない空間だ。都市はどんどん便利になっているようでいて、よくよく考えてみると「部外者お断り」「危険なので立入禁止」のオンパレードだ。あらゆる場所に垣根がつくられていくと、個人の自由が制限され、効率的に管理されていく。

ギャレットが都市探検を通じて主張しているのは、何も都市を「支配」する行政や資本家と対《たい》峙《じ》せよということではない。組織的な支配と個々人の間にある「すき間」をつねに探しつづけよ、ということだ。その「すき間」を行動によって探しつづけなければ、個人の自由や創造性は、国家や行政、資本の論理によって（知らず知らず）呑み込まれてしまう、と。

だからこそ、ギャレットは入ってはいけないとされる場所を探検する。

そうだ。

都市に呑み込まれてしまうと、自分たちの中身まで無意識に売りわたしてしまうことにもなりかねない。合理的な管理システムに乗せられて、やれお金を稼いでください、やれお金を使ってくださいと急《せ》き立てられてしまう。


いけない、いけない。

「針路」が東京の閉塞感に向かってしまった。

今、船は北に向かっているのだった。


しかし、しくじってしまった。

夜の高揚感の反動か、午前3時には2等船室のベッドでぐっすりと眠ってしまい、気づけば朝の8時。本当は短い仮眠ののち4時に起きて、デッキから朝陽を拝む予定だった。「平日に溜まった疲れのせいか」などと自分にいいきかせて、船室のベッドを出る。

外のデッキに出ると、まばゆい光が充《み》ちている。空は晴れわたって、冴え冴えとした空気。海面を覆うようにうっすらと霧が立ち込めている。もう「東京」を感じさせるものは何もない。

時刻から考えると、信仰の島として有名な金華山《きんかさん》沖（宮城県）を航行しているが、霧で島影は見えない。

それにしても、深夜の闇の深さを感じたあとの朝は、ひときわ静謐《せいひつ》に感じられる。光のありがたみに気づけるのは、深い闇があってこそだ。

苫小牧までは18時間の長い航程。まだまだ時間はたっぷりある。デッキから、ゆっくり流れていく海と陸地をぼんやりと眺める。時おりイルカの背びれが見える。背びれが、草を刈る「鎌」に似た形をしている、カマイルカだ。

船は宮城県を過ぎると岩手県の三陸海岸を北上していく。濃い緑に覆われた険しい陸地が帯のようにずっと延びている。右舷《うげん》（東側）には、陸地も島も何もない、茫々《ぼうぼう》とした太平洋がどこまでも広がっている。

「さんふらわあ　しれとこ」には、船室の周りに広い回廊のようなデッキが設けられているため、気軽にしょっちゅう外のデッキに出たくなる。デッキに出て風を浴びては、船室へと戻る。

進行方向を眺められる展望ラウンジでくつろいでいると、前方から「太陽のマーク」の大きな船がぽつりと近づいてくる。その影は、大海原の中、少しずつ大きくなってくる。苫小牧を午前1時30分に発って大洗へと向かう、本船とは逆の深夜便（「さんふらわぁ　だいせつ」）だ。あわてでデッキに出て、右舷から反航する船を見送る。すれ違った時刻は、10時30分ころ。あっという間に大きな船の影が小さくなり、ぐんぐん遠ざかっていく。「お互い」あと9時間ほどの航海時間。まだまだ先は長い。

船室はトラックドライバーが大半で、あとはわずかな乗用車の客と徒歩客。全員合わせて50名ほど。「さんふらわあ　しれとこ」は、全長190メートル・旅客定員154名という大きな船なので、ゆったりとくつろげる。

大洗と苫小牧を結ぶ本航路は、毎日2往復就航している（夕方便と深夜便）。深夜便に関しては、大洗発は1時45分、苫小牧発は1時30分といずれも真夜中のため、夕方便よりも船内施設のグレードは下がる。深夜便はトラックやコンテナの輸送が大半で一般客は少ないため、レストランは営業していない。船室の等級は、2室だけあるデラックスルーム（個室）を除けば、あとはすべて4人分のベッドがある相部屋（カジュアルルーム、今回の片道運賃は1万1830円）のみと、いたってシンプル。

一方の夕方便は、旅客サービスにも力を入れている。船内にレストランがあるほか、船室もホ

広々とした左舷デッキがある「さんふらわあ しれとこ」

反航する大洗行の「さんふらわあ だいせつ」を見送る

テルを思わせるスイートルームやプレミアムルーム、一般的なコンフォート（個室）、ツーリスト（雑魚寝のカーペット席）などと、多くの等級が設けられている。

喫煙室で、トラックドライバー同士が話をしていた。

「やっぱり、（夕方便より）この深夜便のほうが人が少なくて落ち着くよね」と。

深夜便は、悪くいえば設備的に地味だが、たしかに落ち着く空間だ。

何より乗客が夕方便より少ないのがいい。また、等級が細かく分かれていないため「乗客はみな平等」といった「大衆感」が船内空間に滲《にじ》み出るのもいい。

施設に関していえば、別にレストランがなくても、さして困らない。トラックドライバーは思い思いに大量の食料を事前に買い込んで乗船している。30名は座れそうなホール（自動販売機コーナー）のテーブルを覗《のぞ》くと、電子レンジや給湯設備が揃っており、「ここは自宅か」と思えるほどカジュアルな雰囲気。豆腐一丁をパックごと食していたり、白米のパックをあたためて納豆と一緒に食していたりと、日常そのままのような食事風景が船内で繰り広げられている。

徒歩客としては（船に持ち込む荷物を少なくしたいので）夕方便のようにレストランがあれば助かるが、カップ麺やパスタを売っている自動販売機や売店があるのでさしたる問題はない。ビールを飲んでは、カップ麺をすすり、自販機のフライドポテトを頬張る。船内には大浴場やサウナもあるので、腹が充たされれば、ひと風呂浴びて気分転換もできる。これだけ揃っていれば、もう充分快適だ。

午後の時間がゆっくりと船内に流れる。

船内はひとり客が多いので、やはり落ち着く。

乗用車の客だろうか。窓際で毛糸の編み物をしているおばさん、窓越しに海を眺めつづけるおじいさんの姿。そんな静かな光景を眺めていると、祖父母が健在だったころのやわらかな時間を思い出す。

16時を過ぎると、船は本州の最北端に近い尻屋崎《しりやざき》（下北半島）沖を通過し、いよいよ北海道へと近づく。

夕陽が沈むと、空はだんだんと色を変えていく。赤みが薄まって濃紫《こむらさき》から灰色へと変わり、夜がゆっくりと近づいてくる。

19時45分、苫小牧港に到着。

広い港にはたくさんのコンテナが並んでいる。長い搭乗橋《とうじょうきょう》（ボーディングブリッジ）から下船する徒歩客は数名しかおらず、大半の客は車両甲板から自身のトラック、乗用車で下船していく。

下船した苫小牧のフェリーターミナルで、今夜の出航案内を眺めていると、「23時59分発」の表示がある。

この便は、翌日の7時30分に青森県の八戸《はちのへ》へ到着する「シルバークィーン」（7005トン、川

船内の大浴場。外の景色を眺めながらくつろげる（「さんふらわあ しれとこ」）

多くのコンテナが並ぶ苫小牧港。19:45に到着

崎近海汽船）だ。ぎりぎり日付をまたがずに出航するため、今回は心苦しくも深夜航路に含まなかった。以前、この便（「シルバークィーン」）に乗船してみると、約170名の乗客がおり（乗用車・トラックドライバー含む）、なかなかの賑わいだった。その際、船員さんに尋ねてみた。なぜ24時（0時）ちょうどではなく、23時59分発なのかと。

「日付ですよね。ちょうどの時刻だと日付と曜日を間違われるお客さんが多いので。（2017年の）5年ほど前から1分だけ出航時刻を早めたんです」とのこと。

つまり24時（0時）ちょうどの出航時刻だと、予約をする際に「（予約の指定日が）日付をまたぐか否か」に混乱が生じてしまう。「当日発」扱いなのか「翌日発」扱いなのかと。23時59分発であれば、「当日発」扱いであることがわかりやすい。

苫小牧から室蘭へ

さて。1時間ほどフェリーターミナルで時間をつぶしてJR苫小牧駅行のバスに乗る。さらに苫小牧駅から各駅停車に乗って室蘭駅へと向かう。

24時前になって、ようやく室蘭駅に着いた。

駅近くのビジネスホテルに泊まり、朝を迎える。

わざわざ苫小牧から室蘭にやって来たのは、市立室蘭水族館に行ってみたかったため。

この水族館は、鯨《くじら》の解体工場があった土地に市民の憩いの場としてつくられ、北海道最古の歴史を誇る（1953年開館）。しかもちょっと不思議な水族館だ。春から秋までしか営業しておらず、冬期の約6か月もの間は設備改修・保守点検のために休館となる。「鄙《ひな》びた水族館」としても知られ、全国の水族館がどんどん大型近代化していることを考えると、昔ながらの雰囲気を残した貴重な水族館だ。

宿の近くから路線バスに乗って、室蘭水族館のゲートに着く。入口からして洒落《しゃれ》た雰囲気は一切なく、もうゆるい空気が流れている。コンパクトな施設ということもあって、入場料は大人300円、子どもは無料と、格安。入場すると、小型のメリーゴーランドや観覧車などの遊具施設（有料）が設けられており、子ども連れの遊び場にもなっている。

平和な日曜日の象徴のような水族館。こんなレトロな空間がいいのは「管理管理」されていないところ。料金も安くて誰でも手軽に愉しめるし、「この施設を公園のように自由に使ってください」といった大らかさがある。

水族館の建屋に入ると、うす暗い館内に重厚な水槽が並んでいる。当時は一般的だったという石造りの「鉄道の車窓型」水槽だ。そこには本水族館のシンボルフィッシュであるアブラボウズ（ギンダラ科、成魚1～1・5メートル）がいる。でっぷりと肥えた灰色のボディに、厚ぼったい口とまん丸な目。トボけたような表情が愛らしい。室蘭水族館はアブラボウズを全国にさきがけて飼育し、35年も生きたという国内最長寿記録を残している。

市立室蘭水族館

おろらん水族館
出口
入口

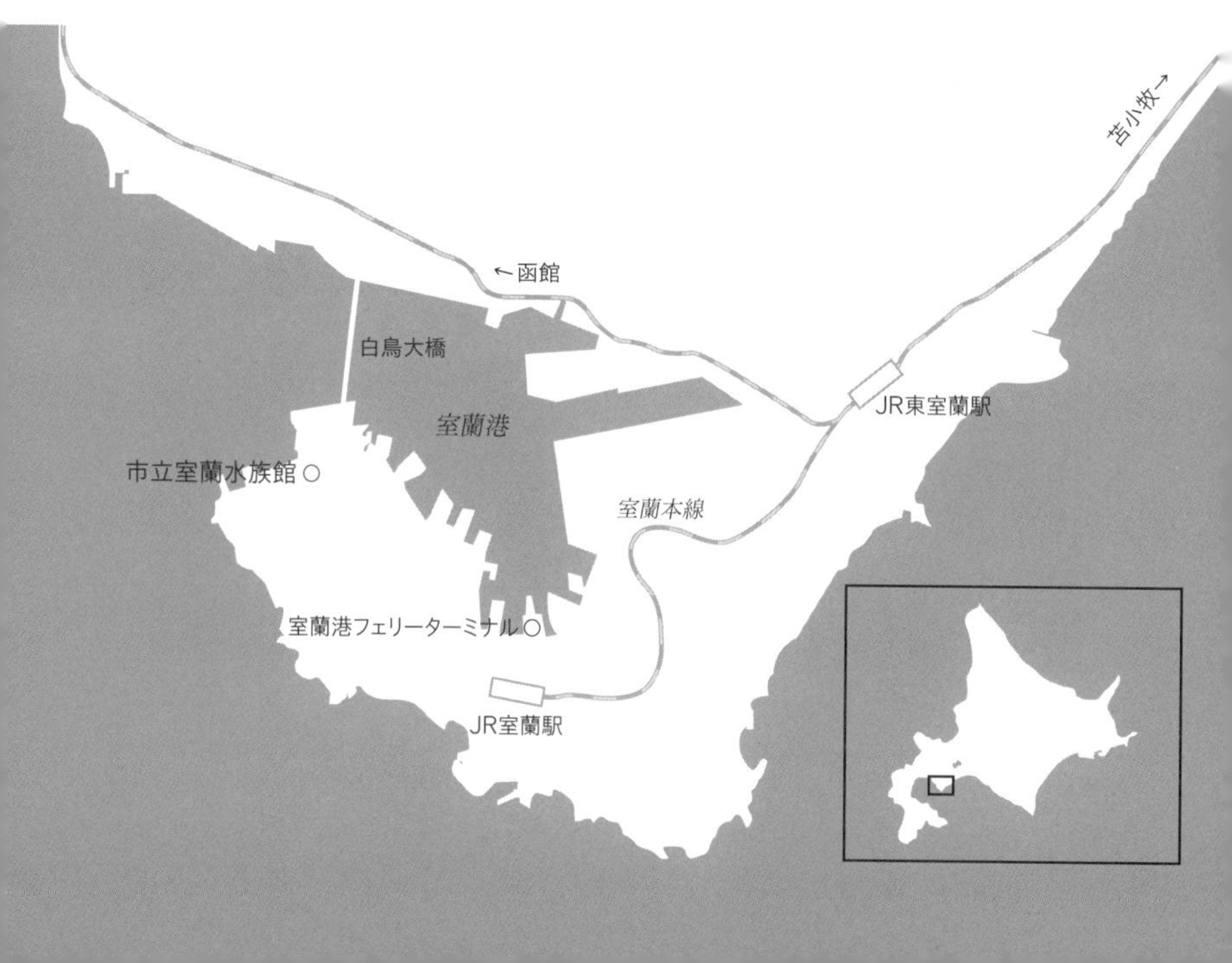
苫小牧→
←函館
白鳥大橋
室蘭港
JR東室蘭駅
市立室蘭水族館
室蘭本線
室蘭港フェリーターミナル
JR室蘭駅

重厚な石造りの水槽（鉄道の車窓型）が並ぶ（室蘭水族館）

アブラボウズ（室蘭水族館）

頭部を手前に向けるフサギンポと、頭部を奥に向けるムロランギンポ（室蘭水族館）

フンボルトペンギンの行進（室蘭水族館）

ほかの水槽を覗くと、フサギンポやムロランギンポが丸い筒の中にぎっしりと身体を寄せ合っている。フサギンポやムロランギンポは、やや乱暴にいうと「ブサイクなウツボ」といった風貌の魚で、なぜこんなにぎゅうぎゅうになってまで、同じ筒に入りたがるのかと、不思議になる。

水族館を愉しんだあとは、空腹を充たす。園内で売られている「味噌おでん」「(つぶ貝を焼いた)つぶ焼き」を敷地内の芝生の木陰に座って、むしゃむしゃ食べる。

そうこうしていると、屋外プールで飼育されているフンボルトペンギンの行進ショーがはじまる。ヨチヨチと園内を歩き、子どもから歓声があがる。眺める子どもたちとペンギンの距離が近い。園内のゆるい雰囲気がペンギンにも伝染するのか、ペンギンもどこか気ままでのびのびとしている。

これまで、機会を見つけては国内外の水族館に足を運んだが、(自分としては)室蘭水族館は日本一の水族館ではないかと感じる。マイナーな存在ではあるけれど、レトロさとカジュアルさがなんとも絶妙。

そんな余韻とともに水族館をあとにする。

最後に、旅の締めくくりとして室蘭港(フェリーターミナル)に立ち寄ってみたい。

路線バスは本数が少ないため、今度はタクシーに乗る。

行き先を運転手さんに告げると、「えっ。フェリー、ないですけど」との返答。

無理もない。室蘭港には、今や定期航路は通じていない。

しかし、かつては大洗～室蘭航路をはじめ多くの定期航路があった。青森を結ぶ青蘭《せいらん》航路や、新潟西部の直江津《なおえつ》（上越市）、さらには福岡の博多を結ぶ航路などと、中・長距離フェリーの一大拠点になっていた。

そんな隆盛を誇った室蘭港も、今では札幌圏に近い苫小牧港にすっかりお株を奪われてしまった。苫小牧は室蘭よりも札幌圏に近いのが、大きなメリットになっている。そんな時代の流れとともに、2008年に室蘭を発着する定期航路はついに全廃。そうして、今や港もフェリーターミナルも使われなくなってしまった。

タクシーの運転手さんは、かつての港の賑わいを回想する。

「室蘭は多くの航路があって賑やかだったね。今ではすっかり苫小牧だもの。でも、苫小牧港は駅から遠くて不便だから。室蘭港は駅に近くて本当は便利なんだけどね」と。

室蘭港の使われなくなったフェリー桟橋《さんばし》、フェリーターミナルを歩く。

フェリーターミナルは改装工事が進められている。

そう、定期航路廃止から10年間のブランクを経て、室蘭港に新たな航路が就航する。

岩手県の宮古《みやこ》市を結ぶ長距離航路（2018年6月就航、川崎近海汽船）で、室蘭港にとっては念願の定期航路復活だ。室蘭～宮古間333キロを1日1往復運航し、10時間で結ぶ。先の苫小牧港への到着時に述べた「シルバークィーン」が本航路に就航することになった（現行の苫小牧〜八戸航路には、新しい船「シルバーティアラ」が就航する）。

この新しい航路（室蘭〜宮古）は、ニーズを考えると、やや不思議な新規航路のようにも思える。一般的には長距離航路は利用客の減少によって減る傾向にあるが、なぜ今になって新規航路を就航させるのか。なぜ比較的小さな街である宮古（岩手）を結ぶのか、と。

ここには、トラック輸送に主眼を置いたニーズがあるという。トラックドライバーの労働条件は、仕事（拘束時間）が終わって次の仕事までの休息期間は、継続して8時間以上が必要と定められている。しかし、ドライバーが途中でフェリーに乗る場合は、フェリーの乗船時間は休息期間として取り扱われることになっている。

つまりトラックドライバーが、長時間運転していたとしても宮古〜室蘭航路に乗れば、10時間の所要時間が休息期間として扱われるので、下船後また（休息明けとして）長時間の運転が可能になるというわけだ。室蘭と結ばれる宮古は、仙台に通じている三陸自動車道があるため、ドライバーにとっては使い勝手もいい。

今は誰もいない室蘭港の岸壁から、海を眺める。

遠くに美しい吊り橋の白鳥《はくちょう》大橋が見える。室蘭は天然の良港として古くから栄え、港街風情が残る。一方、今や北海道の海の玄関口となった苫小牧港は陸地を長方形に掘って、人工的につく

定期航路復活の準備が進む室蘭港。左後方に白鳥大橋が見える

られた港。苫小牧港は大規模で機能的ではあるものの、風情という意味では室蘭に軍配があがる。本項で紹介した現行の大洗～苫小牧の航路だけでなく、かつて就航していた大洗～室蘭の航路（2002年廃止）にも乗ってみたかったと、しみじみ思う。

室蘭港をあとにして、室蘭駅へ歩く。

およそ1キロと近く、15分ほどで到着。タクシーの運転手さんがいっていたように、室蘭港は駅に近いので徒歩客には便利だ。室蘭駅から鉄路を使えば、札幌に出るのも函館に出るのも苦ではない。室蘭と宮古を結ぶ新しい航路は、トラックドライバーはもちろん、徒歩客にとっても使いやすい。

まもなく室蘭港に10年ぶりの定期航路が復活する。

静まり返っていた港が、もうすぐ息を吹き返す。

新しい航路が生まれ、新しい旅が生まれる。

2018年の夏、また室蘭を訪れよう。

03

敦賀↓苫小牧東港

福井県敦賀市

北海道勇払郡厚真町

最長距離を誇る深夜航路

敦賀↓苫小牧東港

敦賀《つるが》港（福井県）と苫小牧《とまこまい》東港（北海道）、948キロの距離を20時間で結ぶ。深夜航路の中では最長の航行距離・所要時間を誇る。本州と北海道を結ぶトラック・貨物の輸送がメインだが、多様な船内設備を設けて旅客サービスにも力を入れているのが、本航路の特徴。快適な空間のため、旅行者にとっては「移動が目的」ではなく「乗ること自体が目的」にもなる航路。

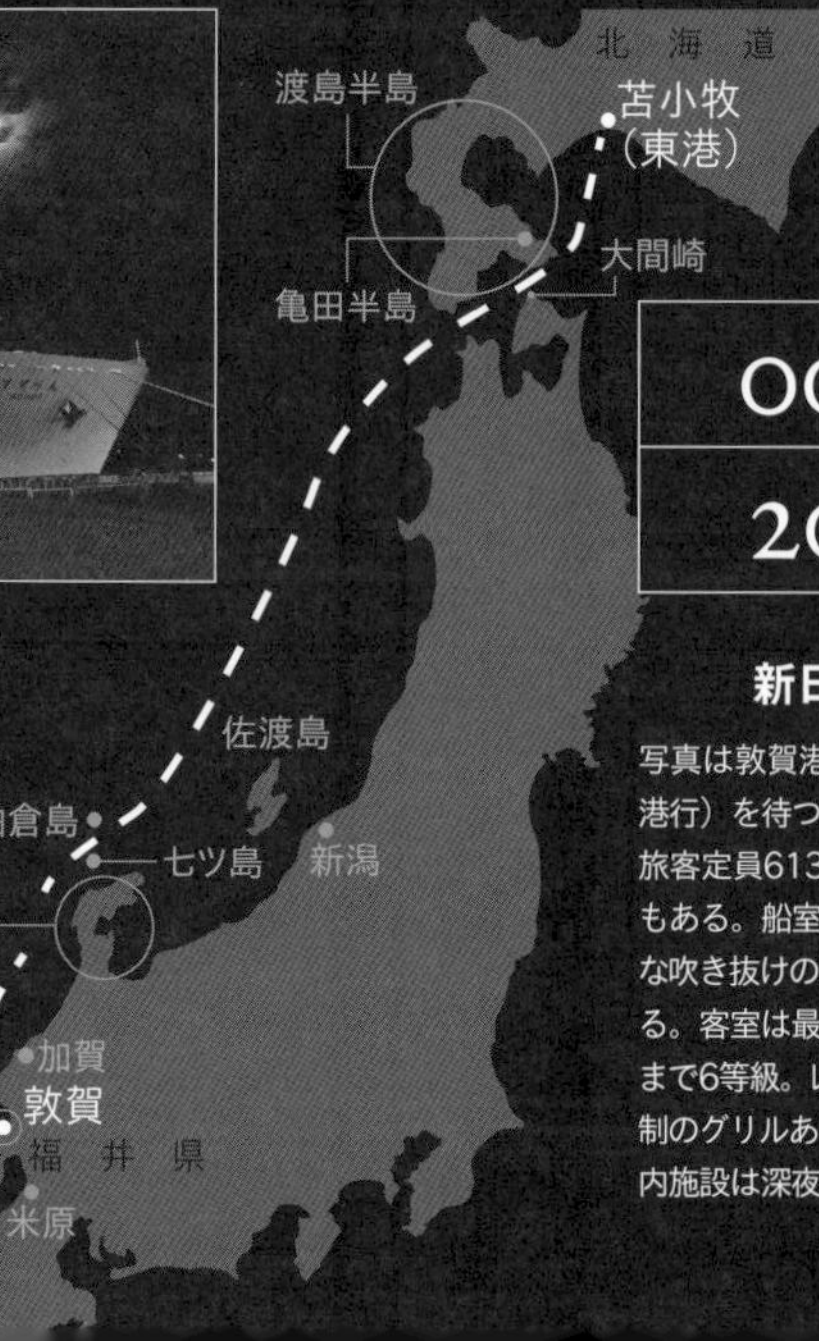

00:30	発
20:30	着

新日本海フェリー

写真は敦賀港で00:30の出航（苫小牧東港行）を待つ「すずらん」（1万7382トン、旅客定員613名）。全長は224.5メートルもある。船室は3階層となっており、巨大な吹き抜けのエントランスでつながっている。客室は最上級のスイートから2等船室まで6等級。レストランのみならず事前予約制のグリルあり、露天風呂あり、などと船内施設は深夜航路の中では突出して充実。

最長距離の深夜航路へ

0時30分、「すずらん」は敦賀港を離れる。

隣接している火力発電所や街の灯《あかり》が、ゆっくりと後方に遠ざかる。

三方を山に囲まれた天然の良港である敦賀湾は、夜の趣《おもむき》たっぷり。右舷《うげん》（東側）には越前加賀海岸の灯、左舷（西側）には湾を守るかのように敦賀半島が長く延びている。敦賀半島には小さな集落が点在するのみ。灯が少なく、真っ暗な山並みがつづく。夜の船上から眺めると、敦賀半島には一見何もないように映るが、実際には敦賀原子力発電所や美浜《みはま》原子力発電所、さらには高速増殖炉もんじゅ発電所といった大規模な建造物が存在している。

月明かりが、穏やかな海面を照らす。

そこに延びる航跡は、大型フェリーだけあって、ひたすら長い。航跡波は敦賀半島の海岸まで届いているように見える。

乗船したのは2017年8月上旬の土曜日。後方デッキに出ると、深夜にもかかわらず、生ぬるい風が流れる。気温を調べてみると、28度もある。長らくデッキで佇《たたず》んでいると、じわじわと汗がまといつく。

まだ日付が変わったばかりだが、船上で前日（金曜日）を振り返ってみると、あわただしい一日だった。

「すずらん」船上から月を眺める（敦賀湾、上・下）

金曜日の朝は、カメラや着替えなど旅の道具を詰め込んだザックで職場へと向かった。仕事の合間には本航路の予約を念のため電話で入れておく。夕方までに仕事を急いで片づけ、都内の職場から東京駅へと直行。そして、18時台の新幹線「ひかり」に乗ってＪＲ米原《まいばら》駅（滋賀県）へ。そこから在来線の特急に乗り換え、ＪＲ敦賀駅で下車。さらに路線バスに乗って、22時半ころに敦賀フェリーターミナルにようやく到着――。なんだか旅のはじまりの敦賀に来るだけでも、せわしい「旅」となり、暑さもあってへとへとだ。

でも、船に乗り込んでしまえば、もう安心。

船には何でも揃っている。

本航路は、深夜航路の中でも船内施設の充実は突出している。乗船した「すずらん」（1万7382トン）は、旅客定員613名、全長224・5メートルという巨大なもの。繁忙期のため、この日の片道運賃は1万6350円（等級ツーリストA、変動制のため時期によっては1万円を切る）だったが、それでも設備と移動距離を考えると決して高くはない。

お風呂ひとつとっても、広々とした大浴場もあれば、露天風呂、サウナもある。吹き抜けのエントランスの豪華さから、レストランの充実、アミューズメント施設までと至れり尽くせり。船内にはカフェ、プロムナード（通路）、サロンと、広々としたスペースにソファやイスがたくさん配置されているので、思い思いの場所でくつろげる。船室に入れば、2等船室であっても相部屋のベッドが備えられているため、ぐっすり眠ることができる。廉価《れんか》な運賃である定期航路なのに、クルーズ船のような気分が味わえる。

乗船してしまえば、あとは身体を船にゆだねるのみ。

船上で風を浴びながら露天風呂につかっているだけで、幸せな心持ちになる。


本航路が深夜発の便となっているのは、普段はトラックとコンテナ輸送をメインとしているため。しかし、夏の繁忙期ということもあり、貨物のみならず多くの乗用車も船に乗り込んだ。案内所で訊《き》いてみると、その日の乗用車は55台、乗客は150名とのこと。バイクツーリストもちらほら見られる。このように本航路は、シーズンによっては行楽色が強くなる。

しかし、「繁忙期は団体客や家族連れが多くて、船内はハイテンション。ひとり旅行者は（ぽつんとして）つらい」とはならないのが、長い船旅のいいところ。

個人・団体を問わず、航行時間が長くなればなるほど、おしなべて乗客の口数は減っていく。最初は、船内の施設に驚いたり、これからの旅に胸を躍らせて、会話をはずませたりするものの、朝を迎えるころには、多くの客は寡黙《かもく》になっていく。ぼんやりと静かに自分の時間を過ごしはじめる。子どもを除けばめっきり会話も少なくなり、それぞれが思い思いに動き出す。小腹を充《み》たしたり、喫煙室で一服したり、船内のソファやデッキから海を眺めたり。広い船内には多くの人が散らばっているものの、時間の経過とともに、そこには沈黙に近い空間が生まれてくる。

一見みな、何もすることがなくて退屈なように映る。

船内の吹き抜けのエントランス(「すずらん」)

船内にあるプロムナード。公園のベンチのようにソファが配置されている

でも、そうではない。

しゃべる必要性を感じない「充たされた沈黙」のように感じる。

乗客はみな目的地（苫小牧）へと向かっている。でも、夜が明けてからも到着するまでは、ゆうに10時間は超える。つまり、到着するまでの長い長い時間は「目的」からは解放される。

日々の生活では、仕事や家事、人づき合い、娯楽といった何らか目の前の目的にいつも追われている。長い船旅ではそんな一切合切から解放された、貴重な静けさに誰もが身をゆだねる。それが、船内における「充たされた沈黙」の正体ではないか。

沈黙は決して消極的なものではない。沈黙とは単に『語らざること』ではない。沈黙は一つの積極的なもの、一つの充実した世界として独立自存しているものなのである。

（『沈黙の相』『沈黙の世界』佐野利勝訳）

ドイツやスイスで活躍した医師・著述家のマックス・ピカート（1888－1965）は、沈黙の豊かさをこのように述べていた。沈黙は何かが欠けているために生じているのではなく、充実したものとして存在しているのだ、と。

そう、長い船旅の静けさ、寡黙さ、沈黙が心地よいのは、このためだ。何ものからも解放されたとき、人は無理に会話をする必要はない。コミュニケーションのためのコミュニケーションを

静かな時間が船内に流れる。反航する船を見送る家族

図る必要もない。

25年ほど前、大学生だったころ。

ダイビング部に属していたため、夏合宿は今はなき長距離航路で東京から沖縄へと向かった。片道約50時間で、船内では2泊。元気な学生といえども、船で過ごす時間が積み重なるにつれ、誰もが寡黙になっていった。最初は、明るく振る舞っていた面々も、やがて自分を装うことは一切しなくなる。物思いに耽《ふけ》ったり、放心したりと、それぞれがそれぞれの時間を過ごしはじめる。ときには自身の雑念や邪念をじりじりと灼《や》き払うかのように、デッキで陽射しをたっぷりと浴びつづけたり。

船が沖縄に着けば、海に潜るという日々の目的が待っていた。朝は海況や機材のチェックからはじまり、海の陽射しでクタクタになる夕方まで、何らか目の前のことに追われる日々となった。あの夏合宿から25年も経った今、濃厚な記憶として残っているのは「船で何もしなかったこと」「沈黙の時間」だったりするから、不思議なものだと思う。

「すずらん」は、大型船でありながら静かに航行する。従来のスクリュー推進とポッド型電気推進を組み合わせたという動力で、高速性と燃費効率を兼ね備えている。つまり、エンジンと電気モーターを使って走るハイブリッドカーみたいなもの。そのため、後方デッキに立って海を眺めていても「ハイブリッド感」といった静けさで、海面を静かに滑るように走っている。まるで水平のエレベーターに乗って海をぐんぐん前へと進んでいるような感覚。一点だけ残念なのは、高速航行のため外に出られるのは、船室後部のデッキに限られること。風に当たりながら景色を眺められるスペースは、そこしかない。

能登《のと》半島沖で朝を迎えたあとは、昼になって佐渡島《さどがしま》沖を通り、やがて東北沖を北へ北へと船は進む。結局、能登半島沖の七ツ島《ななつじま》と舳倉島《へぐらじま》の近くを通り過ぎたあとは、もう島影もなく、ただただ青い日本海。荒れる日も多い日本海だが、この日はいたって穏やか。本州の陸地は、かなり沖合を航行するためにほとんど見えず、ひたすら青の世界が広がっている。

ただし、時おり風景の「アクセント」が生じる際は、ありがたいことに船内アナウンスがある。「10時15分ころ、南行きの船（苫小牧発敦賀行の姉妹船「すいせん」）とすれ違います」といった具合に。そんなアナウンスが流れると、惰眠《だみん》を貪《むさぼ》っていたベッドから抜け出す。時間に合わせて後部デッキに佇んでいると、大型船が突如現れて、通り過ぎていく。船が互いに汽笛《きてき》を鳴らし合う。デッキから眺める人は、自然と反航する船に向かって手を振る。何もない大海原で船がすれ違うということは、仲間との出会いのように胸躍る。同時に、あっという間に遠ざかる淋しさも込み上げてくる。たくさんの人、たくさんの思いを詰め込んだ船が、どんどん遠くなる。

やがてまた、海以外は何も見えなくなる。

反航する船（苫小牧発敦賀行「すいせん」）を見送る

デッキに設けられている「ドッグフィールド」

ひたすら静かな午後の時間が流れる。

そうこうしているうちに、船は本州の先端に出て、夕刻になると津軽海峡を横切る。デッキには広いドッグフィールドが設けられており、飼い犬を連れた子どもが屋外で黄色い声をあげている。

津軽海峡を進むにつれて、うっすらと霧が立ち込めて、だんだんと北の情景に変化していく。やがて霧にけむる海ばかりとなり、本州最北端の大間崎《おおまざき》も見えない。

17時を過ぎると、乗客は少しずつ到着に向けた準備をはじめる。再び湯に浸かったり、夕飯をとるなど、これまでの解放感とは異なり、少しそわそわした感じになる。それぞれがそれぞれの目的に向かって準備を整える。18時ころ、船は北海道の亀田《かめだ》半島（渡島《おしま》半島の南東）を左舷に眺めながら進み、海に少しずつ藍色の闇が降りてくる。

深夜航路から深夜飛行へ

20時30分の定刻に、苫小牧東港に到着。

20時間の航路の終わり。いや、前日の23時には早々乗船していたので、22時間近くも船内で過ごしたことになる。下船時には、長居した空間に愛着を覚えてしまうのか、ちょっと淋しい気分になる。

ここ、苫小牧東港は、苫小牧港（大洗《おおあらい》を結ぶ航路が発着する港）よりもさらに東に位置しており、苫小牧の中心街からは約20キロも離れている。フェリーターミナルの周囲は、港湾施設以外は何もない。タクシーも停まっていない。下船する客の大半はトラックドライバーと乗用車の客だが、少数派の徒歩客に対しては、ＪＲ南千歳駅行のバスがある。新日本海フェリーと道南バスが提携して、ターミナル前に1台のバスを待機させてくれている。バスに乗り込むと、乗客は6名。つまり、繁忙期であってもフェリーの徒歩客は6名だけと、ごくごく少ない人数だ。

バスは40分ほどで南千歳駅に到着。駅からＪＲの特急を乗り継げば、すぐ札幌に出ることもできるし、道東・帯広行の最終特急にも間に合う。しかし、今回は南千歳駅から1駅だけ列車に乗って新千歳空港駅へ向かう。ちょっと哀しいトンボ返りではあるが、北海道に着くなり、空路で東京（羽田）へと戻る予定を組んでいた。少々もったいない気もするが、週明けからは仕事が立て込んでいるため、少しでも早く自宅に戻って身体を休めたかった。

22時前、新千歳空港に到着。普段であれば、もう羽田行の便はない。しかし繁忙期は、スカイマークの深夜便が就航している（２０１７年は7月15日～10月1日）。新千歳０時10分発、羽田２時00分着のＳＫＹ７３２便だ。

本書での深夜航路の定義にもとづくと、本便は深夜空路となるだろう。もう少しカッコよく表記するなら、深夜飛行あるいはミッドナイトフライト。なじみのある表現では夜間飛行だが、ついついサン＝テグジュペリの小説を想起させるし、夜間飛行というのは日没から日の出までの時間帯の飛行を指す（広い時間帯の）表現であるため、やはり深夜飛行（ミッドナイトフライト）が

新千歳空港を深夜に離陸するSKY732便（00:10発）

いい。そもそも本書も夜間航路ではなく、深夜航路という点にフォーカスしている。

現役国際線パイロットである、マーク・ヴァンホーナッカーが記した『グッド・フライト、グッド・ナイト』という名著がある。

この本には、空を飛ぶことのロマンが詩情豊かに描かれている。飛行機からの眺めは、こんなにも荘厳な光景に充ちていたのかと驚かされる。

パイロットである著者は、フライトは夜間こそ美しいとして、次のように記している。


たしかに機上から見る夜の景色は昼よりも地味だ。いくら客室の照明を落としても外のほうがさらに暗く、写真撮影にも向かない。しかも夜の便の乗客はたいてい眠っているか、眠ろうとしている。

しかし自分が操縦するかどうかにかかわらず、私は夜のフライトのほうが好きだ。（中略）夜には繊細な美しさがある。大気もおだやかで、太陽に熱せられた空気が乱気流を生じることもない。

夜間飛行は、低い雲の下にある日常生活やそれにまつわるささいな悩みを忘れさせてくれる。

（『グッド・フライト、グッド・ナイト』岡本由香子訳）

臨時便の深夜飛行に乗れる繁忙期は、貴重な機会でもある。こうして今回は深夜航路から深夜飛行へと乗り継いで、東京に戻ることにした。

機内は夏休みシーズンということもあって満席。広々としたスペースの船旅を終えた直後だったので、狭い機内がキツい。ぎゅうぎゅうに押し込められる感覚がする。この深夜便は身体に負荷のかかる時間帯のためか、20代30代と思《おぼ》しき若い旅行客が多い。

午前1時ころ、雲が少なかったために上空からでも深夜の街の灯がぽつぽつ見える。おそらく東北沿岸の街々だろう。空の下では、もう安らかな寝息が流れている時間帯。一方の機内は、短いフライトということもあって「眠いけれど眠れない」といった、気だるい雰囲気が漂っている。大学生のとき、深酒で終電を逃して深夜のファミリーレストランか喫茶店で時間をつぶしていた遠い記憶がよみがえる。

それにしても羽田空港に午前2時に到着というのは、なかなかスリリングだ。

羽田空港2時20分発新宿行の深夜バスに間に合うよう、空港から急いでバス停に到着したものの、すでに長蛇の列ができていた。結局は満員で乗れず、5時台の始発電車が動き出すまで、空港のベンチで夜を明かすことになった。ほとんど眠れなかったため、どうしようもなく「重い身体」を引きずるようにして始発電車に乗り込んだ。

深夜の旅は、若いころの夜更かしのように、ちょっと怪しげで惹かれるものがある。

肉体に負荷を課す快感、疲れ切ることの陶酔感とでもいうような。

もしかすると、時に人は自分の身体に負荷をかけることが必要なのかもしれない。過度に快適な毎日では、自分がここに存在していることを実感できなくなる。

しかし、どうだろう。

負荷の具合は、年齢とともに変化する。

旅を終えた日曜日は、自分がまったく使いものにならなかった。

04

和歌山↓徳島

和歌山県和歌山市

徳島県徳島市

稀少な鉄道連絡航路

和歌山→徳島

和歌山港と徳島港、61キロの距離を2時間15分で結び、近畿と四国をつないでいる。和歌山港は和歌山港駅（南海電鉄）と搭乗橋《とうじょうきょう》（ボーディングブリッジ）で直結しており、今では稀少な鉄道連絡船となっている。本項で紹介する深夜便（和歌山発）は、遅い出航時刻のため鉄道連絡はなし。到着後の徳島港においてもバス連絡はない。そのため徒歩客利用は少なく、ゆったりした深夜旅が愉しめる。

02:40	発
04:55	着

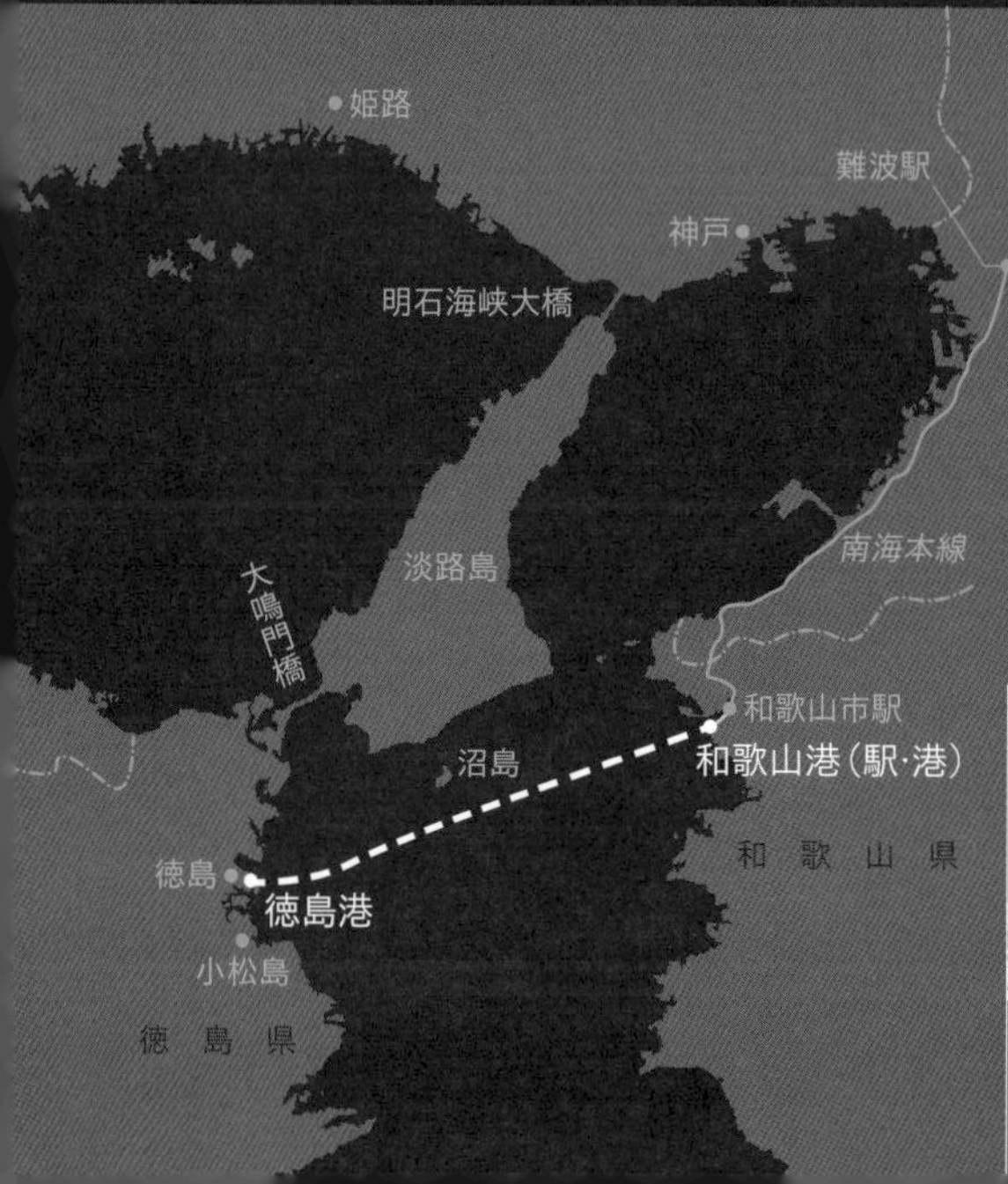

南海フェリー

写真は和歌山港で02:40の出航（徳島行）を待つ「フェリーかつらぎ」（2620トン、全長108メートル、旅客定員427名）。船室は1フロアにまとまっており、通常の座席、カーペット席があるほか、進行方向を向いたグリーン席（追加料金500円）も設けられている。上の階のデッキにはベンチ席が数多く並んでいる。

鉄路は眠り、航路は眠らない

鉄道連絡船は、「絶滅危惧種」かもしれない。

鉄道連絡船というのは、駅と港が近接し、両者がダイヤとしても接続しているものを指す。往年の航路をご存知の方にとっては、今はなき青函連絡船や宇高《うこう》連絡船（岡山県宇野《うの》駅と香川県高松駅を結んでいた航路）を思い浮かべるとわかりやすい。列車から駅に降りて、そのまま案内表示に従って搭乗橋を歩けば、そのまま船に乗り込める。そして、船が目的地に着けば、また港から搭乗橋を渡って駅の列車へと乗り継げる。

今でも鉄道連絡船と呼べるであろうものは、本項で述べる南海フェリー以外は、後述する山口県の柳井港《やない》（JR柳井港駅と接続）、あるいは富山県の県営渡船（万葉線《まんよう》越ノ潟《こしのかた》駅と接続）や広島県の宮島《みやじま》連絡船（JR宮島口《みやじまぐち》駅と接続）など、ごくわずかしかない。ただし、やや広く捉えると、駅と港が近接しているものには、岡山県の宇野駅、香川県の高松駅、長崎県の佐世保駅などがある。このような現状を考えると、どこまでを鉄道連絡船と呼ぶかは、なかなか難しい。

ひとつだけいえることは、ここ南海フェリーは、鉄道連絡船らしい面影を残す日本唯一の存在であるということ。南海電鉄の和歌山港駅（和歌山港線）と南海フェリー乗船口が、長い搭乗橋でダイレクトにつながっている。鉄道連絡船の象徴であった、旧国鉄航路（青函連絡船、宇高連絡船）を彷彿《ほうふつ》させる。このように駅と港が搭乗橋で直結しているというのは、南海フェリーの和歌山港が全国で唯一の存在だ（その他のケースは、駅と港が搭乗橋で直接的にはつながっていない）。

ただし残念ながら、ここ南海フェリーでも深夜便に鉄道は接続していない。和歌山港線（和歌山市駅〜和歌山港駅間）の終電は21時台（和歌山港駅21時29分着）で、和歌山港21時40分発徳島行の船便までは鉄道が接続している。しかし、次の深夜便に乗ろうとすると、もう鉄道は使えない。近くのターミナル駅である和歌山市駅（南海電鉄・ＪＲ）に夜遅く到着して、そこから和歌山港まではタクシーを使うか歩くしかない。


大阪の難波駅から南海本線に乗って、和歌山市駅に23時ころ到着した。南海フェリーの和歌山港発は深夜の2時40分なので、まだまだ時間はある。急いでもしょうがないので、和歌山市駅から和歌山港まで、とぼとぼと歩く。和歌山港までの道のりは３キロ。

この日は２０１７年の１月１日。年末年始を大阪の実家で過ごし、元日の夜から旅に出た。真冬の厳しい寒さもあり、閑散とした街路を歩いていると、ちょっとわびしい気持ちになる。正月早々、ひとりで何をやっているのか。ケチケチせず、さっさとタクシーに乗ればよかったのではないかと。

結局、うす暗い道を50分ほどゆっくり歩いて、和歌山港には24時前に到着。とっくに終電が終わっている和歌山港駅は真っ暗で、脇にあるフェリーターミナルの小さな待合所だけが煌々《こうこう》と灯《あかり》をともしている。まだ出航までは３時間近くもある。

待合所には誰もいない。硬いベンチに座ってただただ待つ。日付が変わって、1月の2日となる。眠いけれど眠れない。そんなどうしようもなく気だるい時間が過ぎる。頭がぼうっとして「零時を過ぎたらレイジーだ」といったような、しようもないことしか頭に浮かばない。


ようやく2時過ぎになって、乗船開始。

フェリーターミナルから船まで直結している搭乗橋に、バンと灯がともされる。この搭乗橋は本来は和歌山港駅から船までつながっているが、深夜便の場合は（鉄道連絡がないので）駅とフェリーターミナル間の搭乗橋は閉鎖されている。搭乗橋の灯がつくのは、ターミナルと船をつなぐ通路だけ。それでも、船に乗り込むまでの搭乗橋は約200メートルと長い。搭乗橋には水平のエスカレーターが設けられており、深夜の静かな通路にごおおと重たい機械音が響く。搭乗橋の長さに配慮してか、通路の途中には古い長イスと吸い殻入れが置かれた休憩スペースまで設けられている。うす暗い通路はレトロな雰囲気が漂い、深夜の旅情を醸し出す。

徒歩客は5名ほど。搭乗橋は船に直結しているため、車両の運搬状況をしっかり眺められないが、10台ほどの乗用車が積み込まれたもよう。

定刻の2時40分、和歌山港を出航。

「フェリーかつらぎ」（2620トン）は、全長108メートル、旅客定員427名と中規模の大きさで、旅客定員数（座席数）が多い。わずかな乗客は、広い船室に思い思いに散らばってい

深夜（02:00ころ）の和歌山港フェリーターミナル

ターミナルから長い搭乗橋を渡って乗船する（和歌山港）

く。イス席でリクライニングシートをぐんと倒したり、カーペット席で少しでも仮眠をとろうと早々横になったりと。あるいは自販機のカップ麺で小腹を充《み》たしたり。

本航路の運賃は片道2000円。この運賃で、人影まばらな広々とした空間を自由に使える。そのため気分が高揚して、船内をうろちょろと歩き回る。外のデッキに出ると、たくさんのベンチが設けられている。真冬の深夜の風はひときわ冷たく、デッキで佇《たたず》む人は誰もいない。きんと澄んだ夜空には満天の星が瞬《また》いている。

和歌山港周辺の工場群の灯を離れ、船は真っ暗な淡路島の南沖を徳島に向けて航行する。所要時間は2時間15分と短いので、なんとも悩むところ。眠るべきか否《いな》か。でも、さすがに午前3時を回ると頭が朦朧《もうろう》としてくる。


深夜航路の旅は不健康——だと思う。

日ごろの睡眠リズムが崩れ、どうしても睡眠不足になる。とくに本航路のように短い航行時間の場合、ろくに眠れない。一方で、変な高揚感も生まれてくるから不思議だ。人が寝静まった時刻に起きているという胸の高鳴り。

それは「若さ」を思い出す悦び——だと思う。

学生時代の夜更かしには、高揚感がある。身体には負荷がかかるが、だからこそ、日ごろ使わない身体の機能が目覚める。感覚が研ぎ澄まされ、妄想が膨らむ。音楽を聴くにしても、真夜中

深夜便のイス席はガラガラ（「フェリーかつらぎ」）

仮眠がとれるカーペット席に乗客が散らばる

に聴くとまったく別モノに感じられたりする。若いころは、そんな夜更かしが愉しかった。だから中年となった今でも真夜中に旅をすると、睡眠不足という負荷が「若いころの感覚」を呼び覚ましてくれるのだろう。

とはいえ、やがて睡魔に耐えられなくなり、１時間ほど雑魚寝タイプのカーペット席で眠る。気づけば船は徳島港に近づき、下船準備のアナウンスが流れる。４時55分に到着した徳島港は、まだ真っ暗。到着したフェリーは、今度は５時35分発の和歌山港行として折り返す。フェリーターミナルの待合所で乗船を待っていた徒歩客は、10名ほど。みなまだ眠そうだ。

寒い真っ暗な港で、５時35分発和歌山港行の出航を見送る。

そのあとは、いったいどうしたものか。

フェリーターミナル前にバス停はあるものの、７時ころまでバスは来ない。やることもないので、港からＪＲ徳島駅までゆっくり歩くことにした。距離は５キロもあるため、結局１時間15分ほどかかった。

そう、南海フェリーは和歌山側は鉄道連絡船となっているが、徳島側はバスの接続のみで鉄道には連絡していない。しかし、かつては徳島側も鉄道連絡が行われていた（当時は徳島の小松島《こまつしま》港発着）。１９８５年に国鉄の小松島線が利用客の減少によって廃止されたため、徳島側での鉄道連絡はなくなってしまった。南海フェリーは稀少な鉄道連絡船といえども、実際には和歌山側だけが鉄道連絡船として、かろうじて生き残っている。

早朝の徳島港に到着した「フェリーかつらぎ」。搭乗橋がターミナルへと通じる

もうひとつの船旅、吉野川水系に残る渡し船

夜が明け、やっとたどり着いた徳島駅の洗面所で歯をみがき、顔を洗う。そして駅前から、7時20分発長原《ながはら》南行の路線バスに乗り込む。

バスは市街を抜けて北へと進み、吉野川と今切川《いまぎれがわ》（吉野川から枝分かれした川）を橋で渡り、およそ40分で終点に着く。

ここ長原は、徳島空港にも近い海辺の小さな街。

次の旅の目的は、渡し船。

徳島県の吉野川（水系）には、かつて117か所もの「渡し（船）」があった。渡し船が両岸を結ぶ唯一の交通路として、なくてはならないものだった。1960年代になって橋の整備が進むとともに渡し船は徐々に姿を消し、今や吉野川水系に現存している渡し船は、今切川の県営長原渡船（徳島市川内《かわうち》町米津《よねつ》〜板野《いたの》郡松茂《まつしげ》町長原）だけになってしまった。

そんな貴重な渡し船に乗ってみたい。

バス終点の長原南は、長原渡船の乗り場に近い。バス停から少し歩けば、すぐに長原漁港がある。港の奥の片隅にぽつんと建っているプレハブ小屋が、渡し守の詰め所だ。付近をうろうろしていると、すぐに詰め所から渡し守さんが声をかけてくれる。

「渡りますか」と。

「あの、向こう岸への用事ではなく、旅をしながら船の写真を撮ったりしてまして……」などと、うじうじ返答をしていると、「じゃ、行きましょう行きましょう」と急《せ》かされる。

「渡し船を使う（地元の）お客さんが来た際でもいいですけど」と気を遣っても、「今日はまだ正月で、待っててもたぶん誰も来ないですよ」と。

そう、この長原渡船は年中無休で、昼休みの時間を除いて6時半から18時半まで運航している。乗客があった際、そのつど向こう岸に渡してくれる。少し古い資料には「2002年の渡しの利用者は約9200人」とあった（『吉野川の渡しガイドブック』）ので、1日の利用者は25人くらいだろう。

もう少し新しい資料を検索していると、「2016年度の利用者数は1万3707人」とあった（「『徳島、いいね』松茂町　長原渡船」『徳島新聞』）。その記事によると、最近ではサイクリングで渡し船を利用する客が増えているという。今切川に沿って自転車道が整備されているため、週末を中心にサイクリングを愉しむ利用者が増えているそう。サイクリングの途中で自転車ごと対岸に渡してもらうなんて、想像するだけでも愉しそうだ。

詰め所の前に停泊した船に乗り込む。

操舵《そうだ》室前がガランと広くフラットになっている。最大搭載人員は14名で、自転車でもそのまま載せられる構造。そこにひとりぽつんと立って渡してもらうと、すぐに対岸が近づいてくる。距

徳島の県営長原渡船（長原から米津へ）

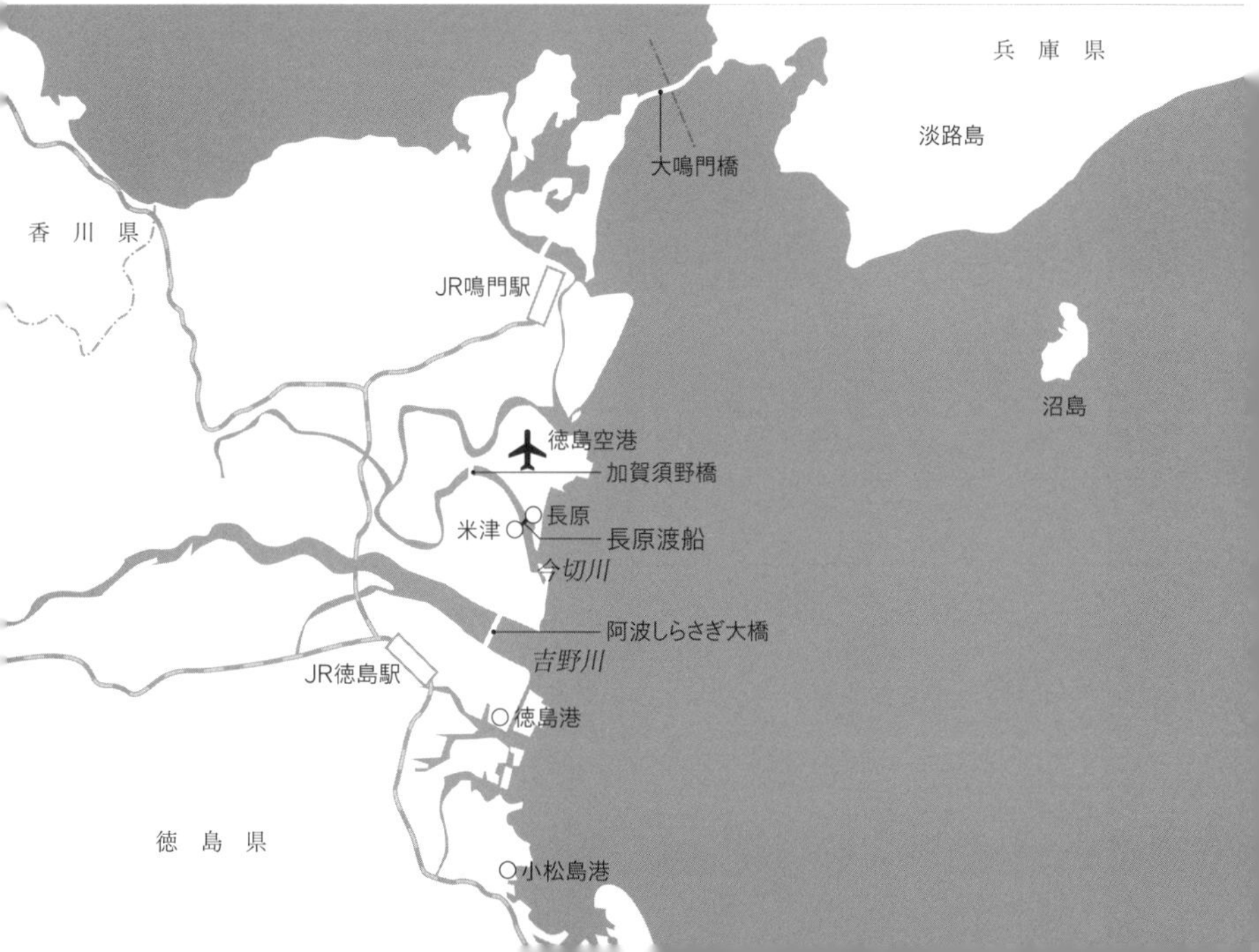

離にしておよそ350メートル。正月らしくきんと澄んだ空が広がり、朝の陽射しがきらきらと川面《かわも》を照らす。船には屋根もイスもない。まばゆい陽射しを全身に浴びながら、頬には冷たい風が流れる。真冬の透明感は、何もかもが心地よい。

わずか2分ほどで対岸（米津側）に到着。

周辺にはほとんど家屋もなく、田畑が広がっている。渡った先に「何もないのではないか」と思えるが、地図を眺めてみると、この先を南へまっすぐ進み、吉野川に架かる「阿波しらさぎ大橋」を渡れば、徳島市の中心街に出ることができる。この渡し船は、県道219号線の一部でもあるので、徳島県営による無料航路になっている。

渡し守さんは「この船を使い、さらに吉野川の橋を渡って通学する高校生もいますよ」という。いろいろ訊《き》いてみると、利用者の多くは朝夕の学生（自転車通学）で、日中は散歩する人やちょっとした用事の人など、限られた人数しかいないとのこと。

自転車通学の学生にとってつらいのは、部活などで帰宅が遅くなった際は、渡し船の最終（18時半）に間に合わないことだという。その際は、ここから約3キロも上流にある橋（加賀須野《かがすの》橋）まで遠回りして川を渡らなければならない。

また、渡し船は屋根のないオープンな構造なので、雨や風が強い日はちょっとつらいかもしれない。渡し守さんによると、悪天候でもだいたい運航するので、運休は台風の日などごくごく限られた日数だけだという。

県営長原渡船（米津側に到着）

県営長原渡船（米津から長原へ戻る）

米津側から再び渡してもらい、詰め所のある長原側に戻る。

詰め所は、今切川に面していて、船で渡す対岸を見渡せる。対岸から渡し船に乗る際は、旗や手を振るなどして詰め所に合図を送ることになっているが、たいていは対岸に立っているだけで、渡し守さんが気づいて船で迎えに来てくれる。

詰め所の中を見学させてもらうと、室内から対岸がよく見渡せる。つねに対岸に人の気配がないかを意識して待機しているそう。「時々、双眼鏡で対岸をチェックしますよ」とのこと。正月らしく、詰め所にある小さなテレビは箱根駅伝を映し出している。詰め所の外には洗濯機も置かれていて、長時間待機している生活感が漂う。


港のはずれにぽつんと佇む詰め所。

そこで渡し守さんは、一日中ずっとひとりで利用者を待っている。勤務は平日担当と週末担当に分かれているという。一日中ひとりで気ままな仕事のようにも映るし、いつ利用者が来るかもしれないという気が休まらない面もあるだろう。

しばらく詰め所の近くで待機していたが、利用者には出会わなかった。

そして、また路線バスで徳島駅に戻り、さらにバスを乗り継いで今朝がた到着した徳島港へと戻る。今度は午前11時に出航する和歌山港行に乗船して、深夜には見えなかった航路の景色を愉

県営長原渡船の詰め所（上・下）

しみたい。

船は深夜便と同じく「フェリーかつらぎ」。正月の1月2日ということで、早目のUターン客と行楽客が入り交じって、船内はぎゅうぎゅう。徒歩客も乗用車客もいっぱいだ。深夜便のガラガラが嘘のよう。

それでも、「フェリーかつらぎ」は旅客定員427名と収容人数が多い。デッキに出れば空《す》いているベンチはたくさんある。混んではいるものの、みな正月の晴れやかな気持ちなのか、船内はゆったりした空気が流れている。

左舷に沼《ぬ》島《しま》や淡路島を眺めながら、船は和歌山港に滑り込む。そして、往路では（駅が閉まっていたために）途中からしか渡れなかった長い搭乗橋を通り、船から和歌山港駅までダイレクトに渡る。多くの徒歩客が列をなしてゾロゾロと、船から搭乗橋、駅の改札へと廊下のように渡っていく。

年末年始に限らず、この航路の賑わいが、ずっとつづいてほしい。

というのも、南海フェリーは1998年に明石《あかし》海峡大橋が開通したことにより旅客者数が減少し、往年の賑わいは失われつつあるためだ。今やライバルとなった高速バスは、明石海峡大橋を通って徳島と関西圏を結んでいる。さらには燃料価格の高騰がフェリーの経営に追い打ちをかけ、以前は1日12往復もあった便は今や8往復にまで減少している。かつて同航路を運航してい

長い搭乗橋が、港から和歌山港駅へと直結している

和歌山港駅のホームから港を望む。中央に見える搭乗橋が左奥のフェリーに延びている

た同社の高速船はすでに廃止された。

しかし南海フェリーは、鉄道連絡船という一種の文化遺産だと思う。利便性や価格競争だけでは計れない価値があるのではないか。しかも、うれしいことに深夜便もまだ生き残ってくれている。

和歌山港に延びる、長い長い搭乗橋。

長い通路の先には、タイムスリップしたかのような船旅が待っている。

05

神戸↓小豆島（坂手）

兵庫県神戸市中央区

香川県小豆郡小豆島町

往年の夜行人気を保つ深夜航路

神戸→小豆島（坂手）

神戸港（新港）と小豆島《しょうどしま》（香川県）の坂《さか》手《て》港を高松を経由して、6時間15〜30分で結ぶ。航行距離は148キロ。近畿と四国間の移動は、橋（明石《あかし》海峡大橋、瀬戸大橋）の開業によって高速バスや鉄道との競争が激しく、本航路の運賃は2000円台と低く設定されている。そのため、貨物や車両輸送のみならず、深夜便においても徒歩客の利用が多い。

ジャンボフェリー

写真は神戸港（新港）で01:00の出航（高松経由、小豆島行）を待つ「りつりん2」（3664トン、全長115.9メートル、旅客定員475名）。船室は、1階にベッドのある個室、2階に洋室（イス席）、3階に和室（雑魚寝のカーペット席）となっている。洋和室ともに女性専用スペースが広く確保されている。船のフォルムは「スリッパ」のように前方が高層となっている特徴的な構造。

01:00	発
07:15	着

＊発着時刻は土休日ダイヤのもの

雑然とした深夜の賑わい

深夜航路の中で徒歩客で賑わっているは、この航路だけではないか。

2017年5月下旬の土曜日、神戸1時00分発の便に乗船する。

トレーラーがどんどんコンテナを船に積み込んでいくと同時に、週末を高松・小豆島で過ごすレジャー客もたくさん乗り込む。神戸と高松間の移動は、高速バスとの運賃競争が激しく(バスはおおよそ片道2000~3000円台)、ジャンボフェリーの運賃も競合して低く設定されている。この日の片道運賃は、深夜料金と週末料金を加算しても2590円。そのため、徒歩客の移動手段としてのニーズも高い。

乗船したのは「りつりん2」(3664トン)。高松にある栗林《りつりん》公園からのネーミングだ。

船内に入ると、あっという間に雑魚寝タイプのカーペット席が埋まり、イス席も次々と埋まっていく。やがて通路や階段の踊り場など、いたるところにゴザが敷かれて、思い思いに乗客がごろんと横になる。

「りつりん2」は、全長115・9メートルで旅客定員は475名と収容人数は多いが、ざっと300名ほどは乗っているのではないか……。すごい熱気、雑然とした船内。どこか、東南アジアの地元航路といった船旅のよう。多くの客が船内の立ち食いうどんをすすり、デッキに出ると、缶ビールを片手にした乗客がたくさん涼《すず》んでいる。ついつい1時を過ぎた深夜であることを忘れそうになるような熱気。

船は神戸の海岸を西へと進む。途切れることなく、煌々《こうこう》とした街の灯《あかり》がつづく。六甲の山の手にも住宅の灯が多くともっている。2時ころに明石海峡大橋をくぐると、ようやく闇が濃くなってくる。やっと阪神エリアの喧騒《けんそう》を抜け出せた感じがして、少しほっとする。左舷《さげん》（東側）には淡路島の真っ暗な島影が夜の海にひっそりと浮かんでいる。

闇が濃くなると、月が美しく映える。

半月が、暗い海の上に「月の道」をつくる。月の光が帯状となって海に映り、ひとすじの白銀のように延びている。月の位置が低く、月の道は海面に長く延びる。

そんな穏やかな夜の海は、眠気を誘う。

2時半過ぎに船室に戻ると、もう多くは眠りにつき、静まり返っている。随所から寝息が漏れてくる。カーペット席は人でぎゅうぎゅうなので、なんとか事前に確保したイス席のリクライニングを目いっぱい倒して眠る。

5時前に目覚めると、あたりは身支度をはじめる人、寝つづける人、ぼーっとしている人とさまざま。老若男女問わず、自宅で無防備にくつろいでいる姿を見るようで、船内は生活感が漂っていて愉しい。外のデッキに出ると、ちょうど陽の出の時間帯で、船上からの景色は透明感を帯びている。

もう高松は近い。

多くの乗客で賑わうカーペット席（「りつりん２」）

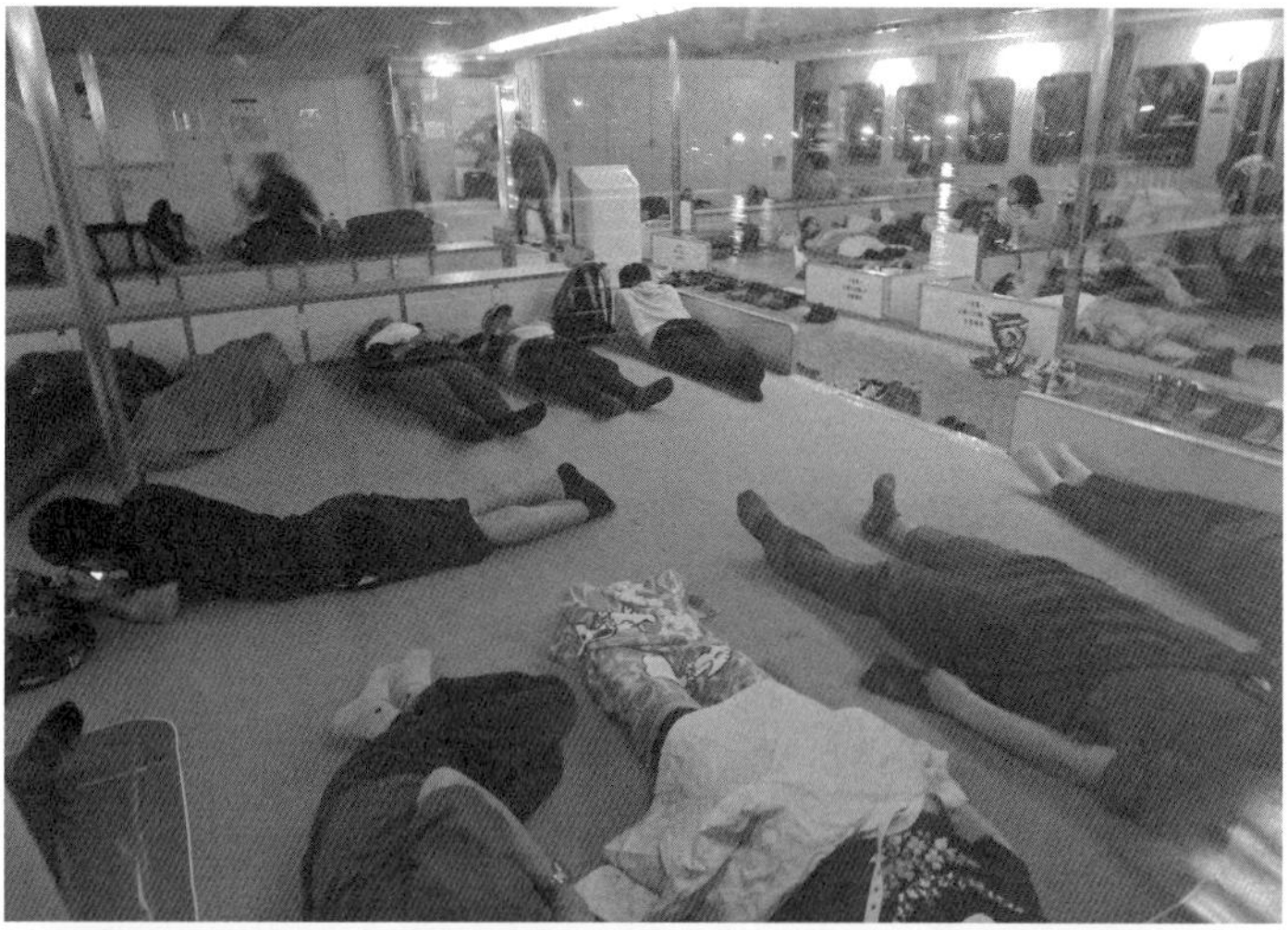

船上から「月の道」を眺める

大きな岸壁の高松港（高松東港）に、5時15分着。搭乗橋《とうじょうきょう》（ボーディングブリッジ）から半数以上であろう徒歩客が列をなして下船していく。車両甲板ではコンテナを運び出すトレーラーがひっきりなしに行き来し、神戸で積み込まれたコンテナがきれいに全部降ろされる。

6時の出航まで時間はあるが、その間に再び新しいコンテナがぎっしりと積み込まれていく。これらは、すべて神戸港へと運ばれるもの。

少しややこしいので、ここで整理をしたい。

神戸から乗船した本船が高松に5時15分に到着する。私のように小豆島へ向かう乗客は下船せず、そのまま船内で待つ。そして船が6時00分に高松を出航する際には、高松発（小豆島経由）神戸行の折り返し便となる。日中は「神戸→小豆島→高松」と運航しているものの、深夜便だけは変則的に「神戸→高松」と小豆島を経由せずに高松へ直行する。そのため、折り返し便の「高松→小豆島→神戸」における「高松→小豆島」は、神戸から乗船した客はそのまま乗船することができる。

深夜便で神戸から高松へ行っても、（高松経由で）小豆島へ行っても運賃は同じ、という扱いになっている。

では、なぜ深夜便だけが小豆島を経由せずに高松へと直行するのだろう。

それは、神戸と高松間のコンテナ輸送に配慮してのこと。深夜便の大きな役割は、貨物をできるだけ朝早く届けることにある。また、たとえ神戸を午前1時に発った船が小豆島を経由してから高松へ向かうとしても、小豆島には朝4時半ころの到着になってしまうため、小豆島へ向かう利用客にとっては(一夜を明かすという意味で)使い勝手が悪くなる。そういう事情も考慮されているのだろう。

船は高松で再びたくさんのコンテナを積み込んで、6時00分に港を離れる。

デッキに佇《たたず》むと、朝の清らかな風が心地よい。空気が澄んでいて、遠くの景色までくっきり見渡せる。

船室から外のデッキに出てきた若いカップルの女性が、周りの景色に高揚して「わ。もこもこしてるー、すごい」と声をあげる。

もこもこ。

本当にその通りだと思う。

高松の景色を沖合から眺めると、もこもこだ。

高松周辺には讃岐七富士《さぬきななふじ》といわれるように、円錐《えんすい》形をした小ぶりな山がたくさんある。濃い緑に覆われた山々が点在していて、いずれも「おむすび」のようで愛らしい。若い旅行者にとっては、「もこもこして、かわいい地形」に映るのだろう。

さらに海上に目を向けると、ぽこぽこと小さな島がたくさん浮かんでいる。山と同じく島も、こんもりと緑に覆われているので、島全体のフォルムが丸みを帯びている。高松沖には、有人島である女木島《めぎじま》や男木島《おぎじま》、無人島の鎧島《よろいじま》、兜島《かぶとじま》などと、たくさんの小ぶりな島が散らばっている。船から眺める高松沖の景色は、「もこもこ」と「ぽこぽこ」の融合美だと思う。

時間の経過とともに、光がぐんぐん強さを増してくる。

朝の海を船はゆっくり進み、7時15分に小豆島南部にある坂手港に到着。神戸を土曜日の深夜1時に発ったレジャー客にとっては、週末を小豆島でまるまる有効に使える到着時刻だ。

坂手港で神戸に向けて出航する船を見送る。遠ざかる「りつりん2」をしげしげ眺めると、なんとも不思議な形状をしている。スリッパのように、船の前方部だけが操舵《そうだ》室や船室で高く盛り上がっており、後方の車両甲板は（船室がなく露天になっているため）低い。船首の「頭」が重そうなフォルムに、親しみがわいてくる。

もうひとつの船旅、小豆島に残る渡し船

小豆島の坂手港から、西へ向かう路線バスに乗る。途中の乗り継ぎを含めて1時間ほど揺られると、島の北西に位置する土庄町《とのしょう》小江《おえ》という小さな集落に着く。

事前に調べてみると、ここにも土庄町営の小さな渡し船が残っていた。

この機会に、小豆島の渡し船にも乗ってみたい。

高松から小豆島へ向かう左舷に、鎧島（左）と兜島（右）が見える

小豆島（坂手港）を発ち、神戸へ向かう「りつりん 2」。前方だけが高い独特のフォルム

バスを降りた県道253号線沿いには黒い焼杉（焼板）の黒壁家屋が並び、小さな路地の角に「渡船のりば」の立て札が出ている。細い路地を抜けると、すぐ海に出る。その脇にぽつんと渡し船の詰め所が佇んでいる。

この渡し船は、小江集落の目の前に浮かんでいる沖之島《おきのしま》を結ぶもの（沖ノ島渡船）。小豆島（小江集落）と沖之島は、いちばん陸地が近接しているところでは100メートルほどしか離れておらず、海に浮かんでいる島に渡るというよりも、川岸からすぐ対岸へ渡してもらうような感覚だ。でもここは、古くから「小江の瀬戸《せと》」と呼ばれる難所で、潮流が速いという。小豆島と沖之島が近接しており、ここが狭い海峡となって潮がぎゅうぎゅうと押し込まれ、吐き出されるように流れていくためだ。

詰め所の近くでぱしゃぱしゃと写真を撮っていると、渡し守さんが「島、渡りますか」と声をかけてくれる。

一応時刻表はあるものの、人が来れば、無料ですぐに渡してくれる。運航は時期によって変動はあるものの、朝7時台から夕方6時まで。日祝日は夕方4時が最終便になる。

小さな浮桟橋《うきさんばし》から「うずしおⅡ」（最大搭載人員11名）という名の小さな渡し船へ。トトトトと、発動機の音を軽快になびかせ、青く澄んだ海を渡る。

対岸の沖之島まで、距離は約250メートルで、わずか1、2分ほどで到着する。

小江(小豆島)側に停泊中の沖ノ島渡船(「うずしおⅡ」)。背景は沖之島

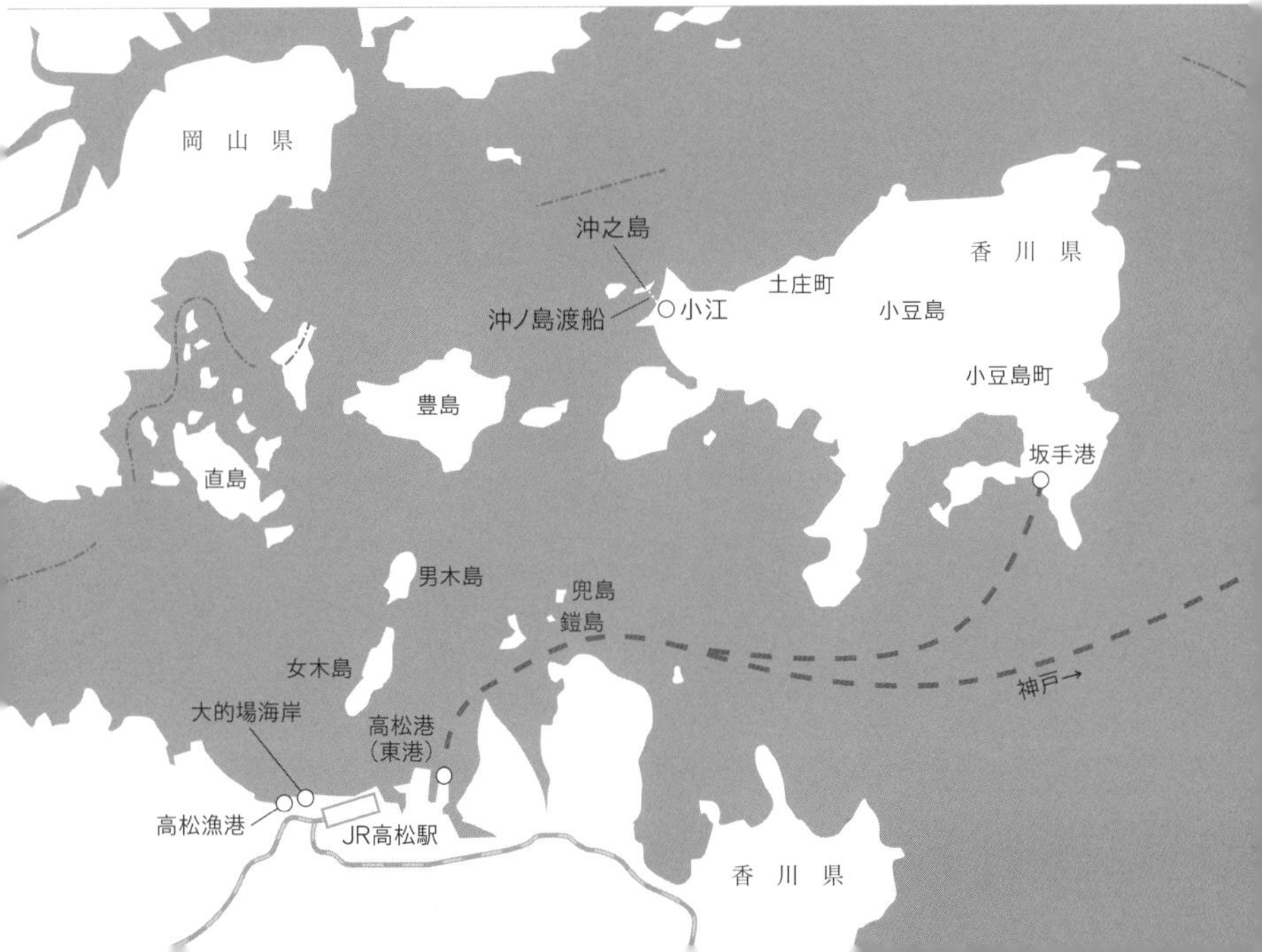

あっという間に対岸へ着いてしまうものの、その短さゆえに親しみがわく。

沖之島の桟橋で、渡し守さんにいろいろと話を伺う。

渡し船の利用者は、1日20名ほどという。平日に毎日利用しているのは、沖之島から小豆島に通学する中学生が1名、幼稚園児が1名。沖之島には学校や商店、医療施設がないため、パートや買い物、通院など日常生活でも使われている。

渡し守さんと立ち話をしていると、時おりぱらぱらと乗客が現れる。そのつど渡し守さんは、ささっとお客さんを乗せて沖之島から小豆島へ渡す。沖之島側で観察していると、向こう岸（小豆島側）でも乗客が現れ、渡し船は再び沖之島へ戻ってくる。渡し守さんは「(時刻表はあるものの）とくにご年配の方を暑い中寒い中、待たせるわけにはいかないからね」という。

なんて便利な公共交通機関なのだろう。

バスや列車のように時刻表を気にしなくてもいい。ふらりと桟橋に行けば、そのまま船を出してくれる。たとえ船が対岸に停泊していたとしても、すぐに迎えに来てくれる。

しかも、利用する際のストレスが少ない。沖之島側も小豆島側も集落のすぐ近くに渡し船の乗り場があり、階段などの高低差もほとんどなく、道をてくてく歩いていくような感覚で陸から船へと乗り込める。また、所要時間はわずか1、2分であっても、船内で腰かけられるようになっているし、小さな屋根もついている。

渡し船は小江（小豆島、右）と沖之島（左）の間、約250メートルを結ぶ

沖之島で渡し船の乗客が現れる

対岸の小江（小豆島）から、まもなく渡し船が迎えに来てくれる

せっかくなので、沖之島を散策したい。

島民の大半は漁師の家族で、渡し船が発着する港にはたくさんの漁船が係留されている。沖之島は周囲約3キロ（0・18平方キロ）、人口は60人ほどの小さな島。西と東にある集落を結ぶ小径が海岸沿いに500メートルほどあり、楽に散策できる。

海沿いの堤防には、たくさんの玉ねぎが天日干しされている。玉ねぎは強い陽射しをたっぷり浴びて、旨味と栄養が凝縮されていく。中にはヒトデも天日干しされており、思わずぎょっとする。赤いボディがカリカリに干上がっている。これは、畑の肥料になるという。堤防に干された布団や座布団も、たっぷりとお陽様を吸い込んでいる。

こんなにほのぼのとした、沖之島。

しかし、ここも多くの離島と同じく、高齢化や人口減に直面しているという。

とくに気になるのは、沖之島には橋が架けられる計画が持ち上がっているということ。

渡し守さんも、「まだ先の話だけど、そりゃ橋ができたら（渡し）船はなくなるでしょうね」という。以前にも小豆島と沖之島を結ぶ架橋《かきょう》の計画はあったものの、反対や事業費の問題もあって立ち消えになっていた。

「なぜ今また橋の計画なのか」と、ついつい景観第一で考えてしまう旅行者目線では異議を唱えたくもなる。こんなに便利で貴重な渡し船が現存しているのに、と。

玉ねぎの天日干し（沖之島）

ヒトデの天日干し（沖之島）

しかし、渡し守さんが話してくれたが、実際には渡し船では大変なこともあるという。たとえば、車いすのお年寄りを運ぶ際は、船のスペースの関係で船首に近い場所に乗ってもらうことになる。「雨の日は船首に屋根がないから申し訳なくってね」という。

また、渡し船では当然のことながら救急車は島に入ることができない。高齢化が進む島においては、救急時や通院、介護の対応は大きな課題だ。さらに架橋の必要性として、南海トラフ地震といった緊急時の対応も挙げられている。

沖之島と小豆島の両側から、向き合うように防波堤が延びている箇所がある。どうやら、その防波堤を土台にして橋を架ける案が有力だという。実際、防波堤は狭い海峡をさらに狭めるように両側から突き出ているので、海をはさんでつながっていない箇所は50メートルほどしかない。きっと橋を架けるのは、技術面では難しいことではないだろう。

先のような理由で、沖之島の多くの住民は橋には賛成だという。渡し守さんでさえ反対はしていなかった。そもそも架橋構想は2016年の6月に島民が町に要望したもので、島民が中心になって架橋推進協議会を立ち上げている。そして2017年度には、架橋の調査費（橋の構造やルートの調査費）予算が土庄町で計上された。ただ、あくまで調査の段階で、ざっと15億円と見込まれる事業費の目途は立っていない。しかも、国の補助金がついたとしても土庄町の地元負担は5億円ほどとみられ、反対の声もある（「『瀬戸の花嫁』舞台　沖之島架橋案に賛否」『読売新聞』参照）。

渡し船では、車いすの利用もある

小江（小豆島、左）と沖之島（右）の両側から、向き合う形で防波堤が延びている

小豆島は小豆島町と土庄町の2町から成り立っている。沖之島は土庄町に属するとはいえ、土庄町は小豆島のおおむね北半分を占める広い町域を持つ。沖之島以外の土庄町住民が、架橋事業費の地元負担に対して疑問を呈するのは、無理もないことかもしれない。

多くの島民が望んでいるであろう橋を一介の旅行者がとやかくいうものではないと思う。それでも、橋を架けることの是非はなかなかに悩ましい。渡し船という全国でも貴重な観光資源が失われてしまうということもある。

しかし、もっと気になるのは、橋を架けると「高低差と距離」が生まれてしまうということだ。短い距離に橋を架けて、橋の下は船が航行できるようにする。そうすると、橋はおそらく扇形のようになるため、橋を渡る際は必然的に上って下らなければならない。

しかも橋を設置する場所は確定ではないにせよ、橋は集落から少し離れたところに架けられるはず。渡し船の発着する両集落は家屋が密集しており、車が通れるような大規模な橋を建設できるスペースはないためだ。つまり、集落から橋のたもとに行き着くまでに(渡し船に乗るよりも)距離が生じる。

徒歩で橋を渡るのは、高低差と距離が生じるという意味で、おそらく現状の渡し船よりはつらくなるのではないか。今の渡し船では、高低差がほとんどなくフラットな感覚で移動できるし、船の発着所に行くまでの距離もない。

それらのことを考えると、橋のメリットを享受するのは、結局は車だけだろう。たしかに緊急時に車でアクセスできることは何より心強い。しかし、日常生活において車を使わない人にとっては、おそらく橋よりも渡し船のほうが使い勝手がよい。もし橋を使うのは車がメインとなると、橋だけではなく、沖之島に車道も整備しなければならない。島の景観も大きく変わるだろう。はたまた、島に橋が架かると、島の人口が利便性の高いほう（小豆島側）へと流出していくことも考えられる。

今や沖之島で暮らす半数近くは65歳以上だという。以前は立ち消えになった橋の構想が再び持ち上がっているのも、通院や福祉施設通いが喫緊《きっきん》の課題だからだ。一方で、大きなお金を費やして橋をつくったとしても、長い目で見ると利点ばかりでもない。やはり架橋の是非は一概にいえることではなく、なかなかに難しい。

童話作家、村山籌子の海

沖之島から小豆島に戻り、さらに今朝がた寄港した高松へと戻る。

高松でかねてより行きたかった場所に立ち寄って、今回の旅を締めくくりたい。

そこは海をこよなく愛した童話作家、村山籌子《むらやまかずこ》（1903－1946）の石碑。

村山籌子は、『3びきのこぐまさん』『川へおちたたまねぎさん』など、動物や野菜を主人公にしたシュールでユニークな童話の数々を遺した。叙情性豊かで、すっとんきょうなおかしさに充ちた作品の魅力は、書き手の純真さ、心の若さにあったと強く感じる。

芸術家でありプロレタリア運動家でもあった夫の知義《ともよし》(村山作品の挿絵を担当)が治安維持法違反で逮捕されたりと、村山籌子の生活は苦労が絶えなかったという。それでも生涯のびやかな作品をつくりつづけた。

1903(明治36)年に高松で生まれた村山籌子は、18歳で上京するまで、ここ高松で暮らしていた。高松の海で泳ぐことが何より好きだったという。さらには水任流《すいにんりゅう》(古式泳法、高松藩の泳法)を身につけ、後進の指導にもあたっていた。驚きなのは、遠泳大会で高松から3キロの沖合に浮かぶ女木島まで悠々《ゆうゆう》泳いだということ。

JR高松駅から西へ1キロ近く歩くと、高松の漁港に着く。

ここは、村山籌子が最も愛し、親しんだ大的場《おおまとば》海岸に近い。この港の脇(浜ノ町公園)に、没後50年を記念して村山籌子の碑が建てられた。

港を眺めるようにして建つ碑には、遺言の歌(墓碑銘)が刻まれている。

われは
ここに生まれ
ここに遊び

ここに泳ぎ
ここに眠るなり
しづかなる
瀬戸内海の
ほとりに

——ここに刻まれているシンプルな深遠さとは、いったい何なのか。

村山籌子は死に臨んで、夫の知義を枕辺《まくらべ》に呼び、墓碑銘を口述筆記させた。その際、「ここに泳ぎ」の追加を強く要請したという。

海を愛しつづけた43年の生涯だった。

それは、病床に伏した晩年の逸話とも重なり合う。息をひきとる朝、薬の瓶に海の水を汲《く》んできてほしいと頼んだ。（当時暮らしていた）自宅に近い鎌倉の海。その潮水の匂いをベッドで嗅ぎながら、ふるさとの高松を偲《しの》んだという。その逸話の真偽のほどは明らかではないが、最後まで故郷の海を慕う気持ちがあったことは間違いないだろう。陽射しをたっぷり浴びて、どこまでも泳いだ高松の海がリフレインしていたことだろう。

人生の最後に抱きしめるものは、過去の栄誉でもなければ、財産でもない。もしかすると他者でもない。村山籌子の場合は、幼き日に光あふれる海でひたすら泳いだ多幸感だったのではない

童話作家·村山籌子の石碑（高松漁港）

村山籌子が愛した大的場海岸と女木島

か。泳ぎ疲れてくたくたになった恍惚《こうこつ》の記憶をただ抱きしめたのではないか。


村山籌子が最も愛した大的場海岸は、記念碑から歩いてすぐ近くのところにある。

護岸や埋め立てが進んだ高松市街の海岸に、街の良心のように小さな砂浜が残されている。砂浜の背後には、大きなマンションが建ち並んでいる。

浜辺に立つと真正面に女木島が見える。

澄んだ海の先にある、濃い緑に覆われた島。

この海岸から、あの島まで泳ぎ切ったとは。

空からは、5月なのに夏のような強い陽射しが惜しげもなく降りそそぐ。

幼きころ、くたくたになるまで遊び、疲れ果てて、とろとろと眠った記憶。

そんな記憶があれば、世知辛い世の中であっても、なんとか大人は生きていける。

そして誰もが、そんな幼き日の追憶とともに最後の眠りにつくのかもしれない。

最後は遠い日の記憶だけを抱きしめて。

06

神戸
↓
新居浜

兵庫県神戸市東灘区

愛媛県新居浜市

徒歩客利用が僅少の深夜航路

神戸→新居浜

神戸港（六甲アイランド）と新居浜《にいはま》東港（愛媛県）、220キロの距離を7時間で結ぶ。コンテナ輸送を主とする航路で、徒歩客の利用はごくわずか。そんな貨物メインの航路にもかかわらず旅客サービスにも力を入れており、深夜でもレストランが営業しているなど、船内の設備は充実。ゆったりと快適な深夜の空間を満喫できる。

01：10	発
08：10	着

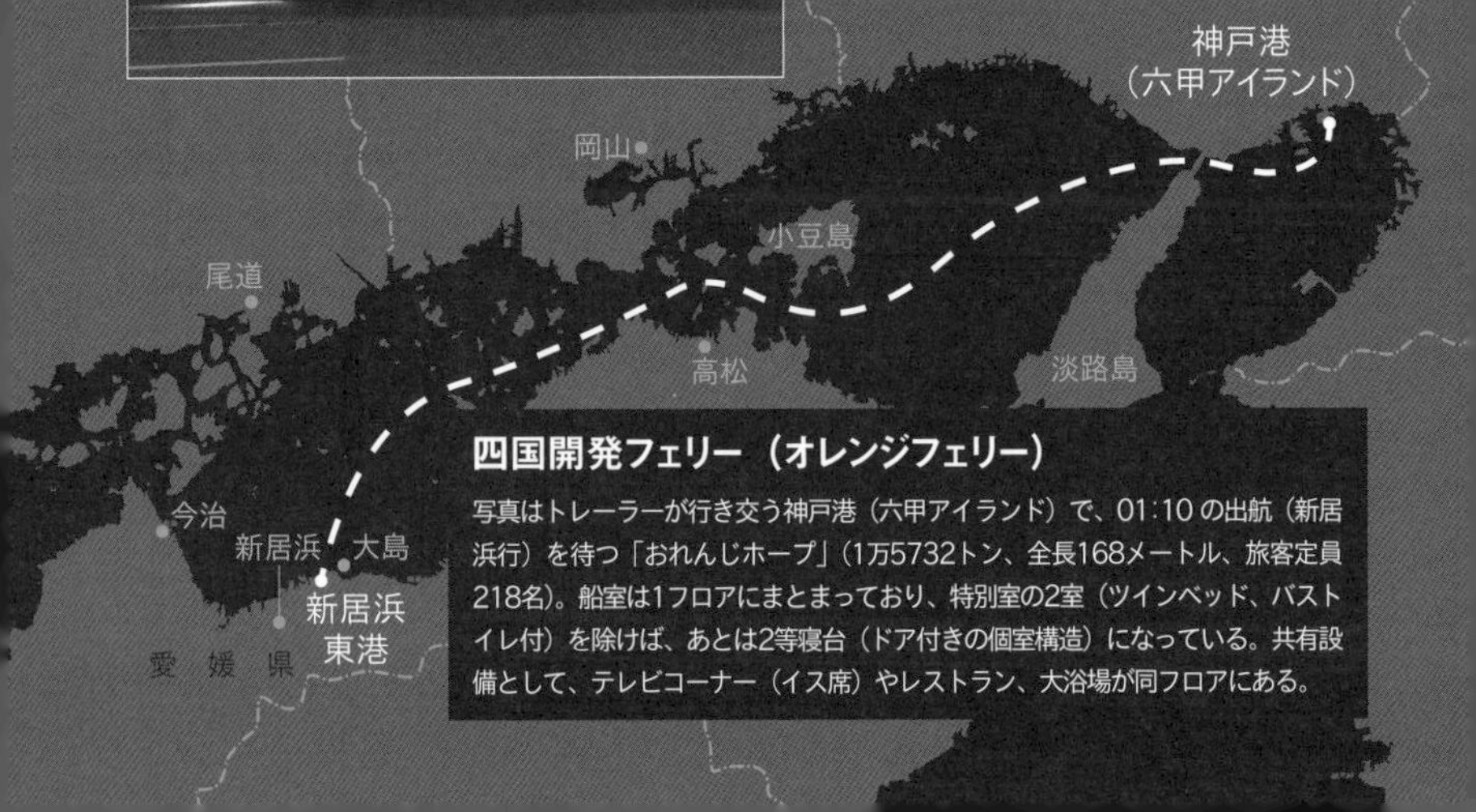

四国開発フェリー（オレンジフェリー）

写真はトレーラーが行き交う神戸港（六甲アイランド）で、01:10の出航（新居浜行）を待つ「おれんじホープ」（1万5732トン、全長168メートル、旅客定員218名）。船室は1フロアにまとまっており、特別室の2室（ツインベッド、バストイレ付）を除けば、あとは2等寝台（ドア付きの個室構造）になっている。共有設備として、テレビコーナー（イス席）やレストラン、大浴場が同フロアにある。

船に乗り込めば、すべてが救われる

深夜航路の中でいちばん「徒歩客を想定していない航路」かもしれない。

2017年6月末の金曜日。仕事を終えた職場から東京駅へと直行し、19時30分発の新幹線に乗り込む。新大阪駅から列車を乗り継いで、23時ころアイランド北口駅（神戸新交通六甲アイランド線）に降り立った。工場や物流倉庫が建ち並ぶ、静まり返った道を東へ2キロほど歩く。遅い時間だけあって、人影もなければ道路以外の灯もほとんどない。

夜中に閑散《かんさん》とした港湾エリアをひとりで歩きつづけていると、だんだんわびしい気持ちになってくる。時おり大きなトラックがびゅんと通り過ぎていく。この日の夜は湿度が90パーセントを超えており、夜中なのに汗まみれ。平日5日間の仕事の疲れも溜まっていて、心身ともに出航前から疲れてくる。

そうしてたどり着いたのは、小さなうす暗いプレハブのフェリーターミナル（オレンジフェリー）。窓口で対応する係員以外は、誰もいない。

切符を購入したあとは、港を散策しよう。

そう思ったものの、なかなかうまくいかない。フェリーターミナル前の岸壁に、新居浜東港からのフェリー「おれんじホープ」（1万5732トン）が、23時50分に到着。すると、積まれたコンテナを降ろす作業が急ピッチではじまり、ひっきりなしにトレーラーが行き交う。トレーラーは船から港にコンテナを降ろすと、また次のコンテナを降ろすために船へと戻る。途方もない貨物量だ。しかもトレーラーはがんがんとスピードを出してはフェリーターミナル前を動き回るため、写真を撮影しようにも船には一切近づけない。ならばと、係留された船を望める周辺の場所を探してみたが、どこも企業の敷地になっているため、ゲートはがっちりと施錠され、立ち入れないようになっている。

目の前に船が係留されているというのに、船に近づくスキはどこにもない。そんな徒労感で、心身の疲れはさらに増していく。

23時50分に到着した船「おれんじホープ」が、今回乗船する神戸1時10分発の新居浜（東港）行となる。コンテナを降ろす作業が終わると、今度は大量のコンテナが再びトレーラーによって積み込まれていく。その量が多いだけに延々と積み込み作業がつづき、0時50分ころになって「では（1時10分発の）乗船の方、どうぞ」と係員に誘導される。

まだまだトレーラーが港を行き交っているため、徒歩客は歩いて乗船するのではなく、旅客送迎車に乗せられる。徒歩客用のタラップ（乗降用階段）や搭乗橋《とうじょうきょう》（ボーディングブリッジ）がない際は、徒歩客は車両甲板から歩いて乗船するのが一般的。今回のように送迎車に乗せられるケースは珍しい。

旅客送迎車が積み込み作業のトレーラーを避けながら走り、車両甲板から進入して船内エレベーターに横づけしてくれる。

トレーラーが車両甲板を行き交うため、徒歩客は「旅客送迎車」で乗船する（上・下）

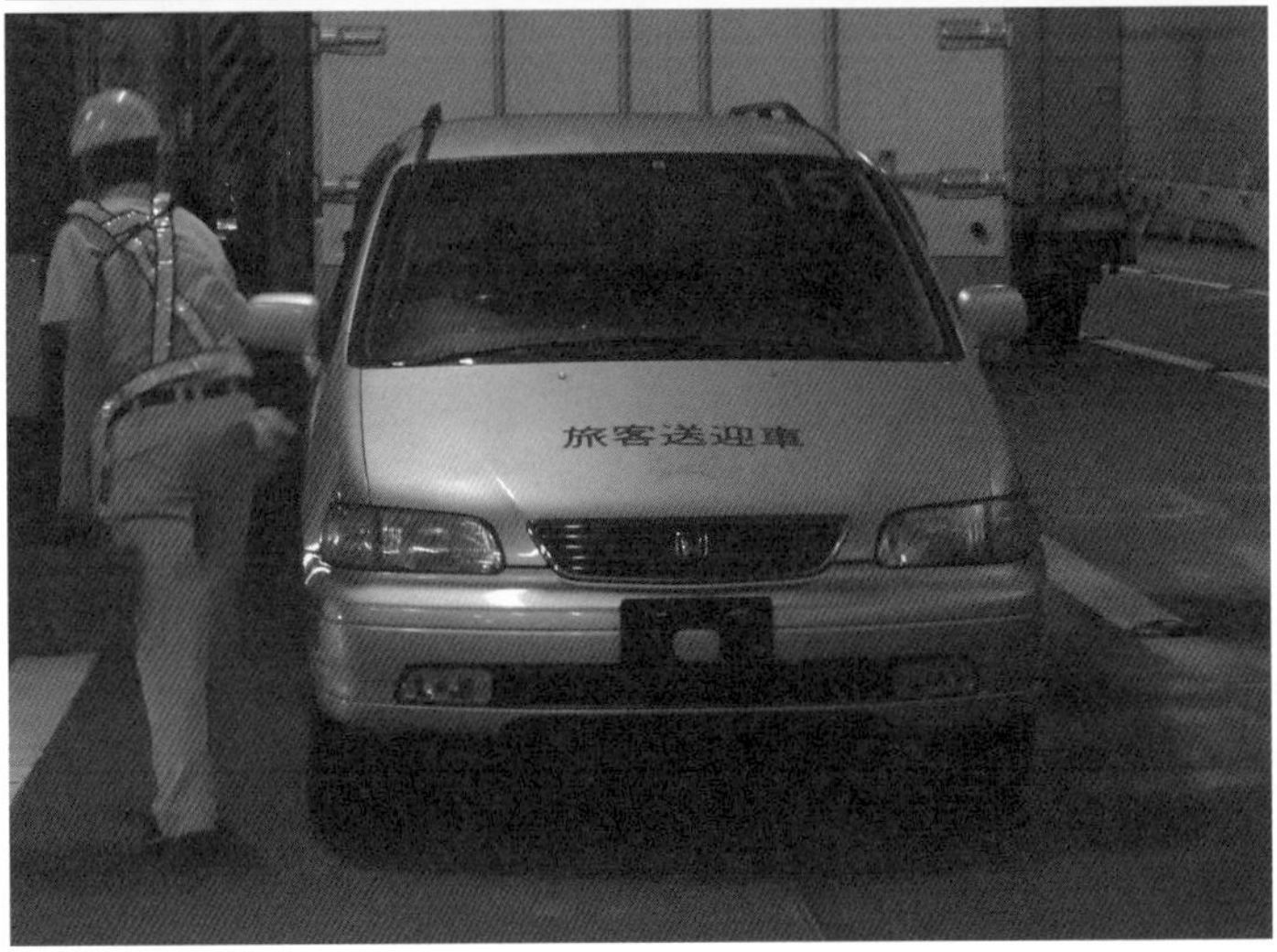

今日の徒歩客は自分ひとりだけ。積み荷はコンテナが大半で、あとはトラック、そして乗用車は3台ほど。写真撮影で車両甲板をうろちょろすると「危険です」と、今にも叱られそうなので、そそくさとエレベーターに乗り込んで船室フロアまで上がる。

別世界だ。

港や車両甲板はコンテナの搬出入であんなに騒々しかったのに、船室フロアに一歩足を踏み入れると、静謐《せいひつ》な雰囲気。乗客の姿はほとんどなく、エントランスロビーで船員さんが丁寧に部屋の案内をしてくれる。

動と静。振り子のような変化に思わず高揚してしまう。「おれんじホープ」は、2005年に就航した比較的まだ新しい船。船室は隅々まで美しく清掃されていて、施設の充実ぶりに目を見張ってしまう。2等寝台であっても、それぞれにドアが設けられた個室になっている。この日の利用者はいなかったようだが、豪華な特別室（スイートルーム）まで設けられている。

広々とした浴場、広い手洗いもピカピカに磨かれている。船室や共有施設、甲板のデッキは1フロアで完結しているので、船内の階段を上り下りする必要もなく、とても快適。広々としたフロアをぐるぐる回遊しているだけでも、幸せな気分になる。しかも、午前1時10分の出航というのに、夜のレストランもしっかり営業してくれている。メニューは豊富で価格は手ごろ。夕食でも1000円あれば充分。乗船前の疲れを吹き飛ばすように、ニラ雑炊や焼き魚、小鉢など多くをチョイスしてむしゃむしゃ食べる。

この深夜便は、港での貨物の積み降ろしからも窺《うかが》えるように、コンテナとトラックの輸送をメインとしている。この日は乗用車が3台ほど乗船したが、あくまでも貨物輸送がメイン。ましてや徒歩客は、まずいない。しかも貨物輸送はドライバーのいるトラックよりも、トレーラーで積み込まれたコンテナ（ドライバーなし）が大半なので、「貨物は多いが乗客は僅少《きんしょう》」という状況になる。実際、この日の乗客も10名ほど。なのに、少ない乗客にも快適な空間を提供してくれる。

1時10分に神戸を離れた船は、一路愛媛県の新居浜へと向かう。外のデッキで佇《たたず》んでいると、梅雨空で小雨がぽつぽつ降ってくる。神戸の海岸沿いの街灯は、霧にかすんで見えなくなる。

雨と汗にまみれた身体を大浴場で洗い流す。

誰もいない広い浴場。

浴槽の大きな窓に暗闇が静かに流れる。

長らくひとりで湯船を独占していると、なんとも贅沢な気持ちになる。質素な旅行者ながら、真夜中のラグジュアリー。

本船の2等寝台の運賃は、片道6690円と比較的安い。

ふと考える。

安いって愉しいと。

船舶会社のマークが描かれたファンネル（煙突）が闇夜に浮かび上がる（「おれんじホープ」）

誰もいない船内の大浴場。左手にはサウナも併設

深夜航路に限らず夜行列車の旅も愉しいが、近年夜行列車はほぼ全滅してしまった（現存するのは「サンライズ出雲・瀬戸」のみ）。頻繁に利用していた上野発の夜行列車をはじめ、全国各地に存在していた夜行列車はもうない。その代わりに豪華寝台列車（クルーズトレイン）が登場して人気を博している。もちろん豪華寝台列車にも乗ってみたいが、残念ながら2ケタもする運賃を支払う余裕はない。しかも、思い立ったときに乗りたいので、先々の予約なんてできない。もっというと、学生時代の貧乏旅行が沁《し》みついているのか、料金が手ごろでないと旅は愉しくない。

単純に考えると「お金がもったいない」ということになる。

でも、そうではないと思う。どうも高額の対価として、ホスピタリティや豪華さをまるまる受け取るということに違和感を覚えてしまう。もちろん、端《はな》から事業者は（豪華寝台列車の場合は）富裕層をターゲットにしている。自分自身はターゲットではない。しかし高価な旅は、パッケージされたものを享受するかのようで、そこには手間隙《ひま》かけて自分流に工夫、アレンジして旅を創造していくという悦びがちょっぴり薄いように思えてしまう。

そう考えると、深夜航路は素晴らしい。

お財布に優しいし、広々とした快適な空間を提供してくれる。過度のホスピタリティもなく、乗客を自由に放っておいてくれる。そして、流れる夜の景色とともに、思索する時間、想像する時間をたっぷり与えてくれる。

個室になっていることもあり、ベッドでぐっすり眠る。

6時半を過ぎてデッキに出ると、空も海も青く澄んでいる。透明感を帯びた朝のやわらかな景色。しかし、そんな静謐な時間もあっという間に過ぎ去り、陽射しはぐんぐん力強さを増していく。今日はまだ7月1日だというのに、愛媛県の天気予報は最高気温34度にもなるとのこと。

7時を回ると、左舷《さげん》（四国側）にお椀をひっくり返したような島影が見えてくる。無人島の円上島《まるがみしま》（香川県観音寺市《かんおんじし》）で、まさに名の通り、円形を半分にスパッと切ったような形をしていて愛らしい。遠くに目をやると、標高1800メートル級の四国山地の稜線《りょうせん》がうっすらと見える。

瀬戸内を旅すると、いつも思う。

のどかな風景だと。

穏やかな海面に、航跡波が後方へまっすぐに延びていく。

デッキの後方で、船員さんが日章旗を掲げる。もうそろそろ入港しますよというサインだ。船はゆっくりゆっくり四国側へと針路を曲げ、8時10分に新居浜東港到着。

下船前、エントランスロビーで、船員さんが徒歩客に気を遣ってくれる。

「どちらに行かれますか？　港の近くには何もありませんから。バスもないですし、タクシーも停まっておりませんので」

といって、タクシーの電話番号をメモしてくれる。

やはり下船時も乗船時と同様に（船に積み込まれた）旅客送迎車に乗せられ、車両甲板を抜け、

07:00ころ、左舷から円上島（香川県観音寺市）が見える

新居浜東港に到着した「おれんじホープ」

フェリーターミナル前で降ろされる。そして、積み込まれた大量のコンテナが、トレーラーによって船から次々と吐き出されていく。フェリーターミナルは閉まっており、船員さんがいった通り、周辺には何もない。徒歩客は自分ひとりだけなので、所在なくターミナル前に佇む。

深夜航路から小さな航路へ——新居大島

メモを取り出してタクシーを呼ぶ。

ここから東へ2・5キロほど離れたところに黒島《くろしま》港がある。そこから北東沖に浮かぶ大島《おおしま》（新居大島）へと渡る航路があるので、乗り継いでみたい。深夜航路はもちろん愉しいが、到着した港の近くに別の航路があれば、ついつい乗ってみたくなる。

大島へ渡る航路は、新居浜市営渡海船。タクシーを降りると、ちょうど8時40分発（第3便）に間に合ったので、そそくさと乗船する。

この離島航路のいちばんのウリは、運賃の安さ。

なんと片道60円。

公営で無料の渡し船を除けば、日本でいちばん安いフェリーだろう。

瀬戸内海をはさんで、新居浜市の対岸には広島県の尾道市《おのみち》がある。尾道市には向島《むかいしま》を結んでいる渡し船が3航路あるが、その中の尾道（土堂《つちどう》）～向島（小歌島《こうたじま》）航路は、片道60円。つまり、この尾道と新居浜にある両航路が格安航路の双璧《そうへき》となる。

黒島港と大島を結ぶ、新居浜市営渡海船

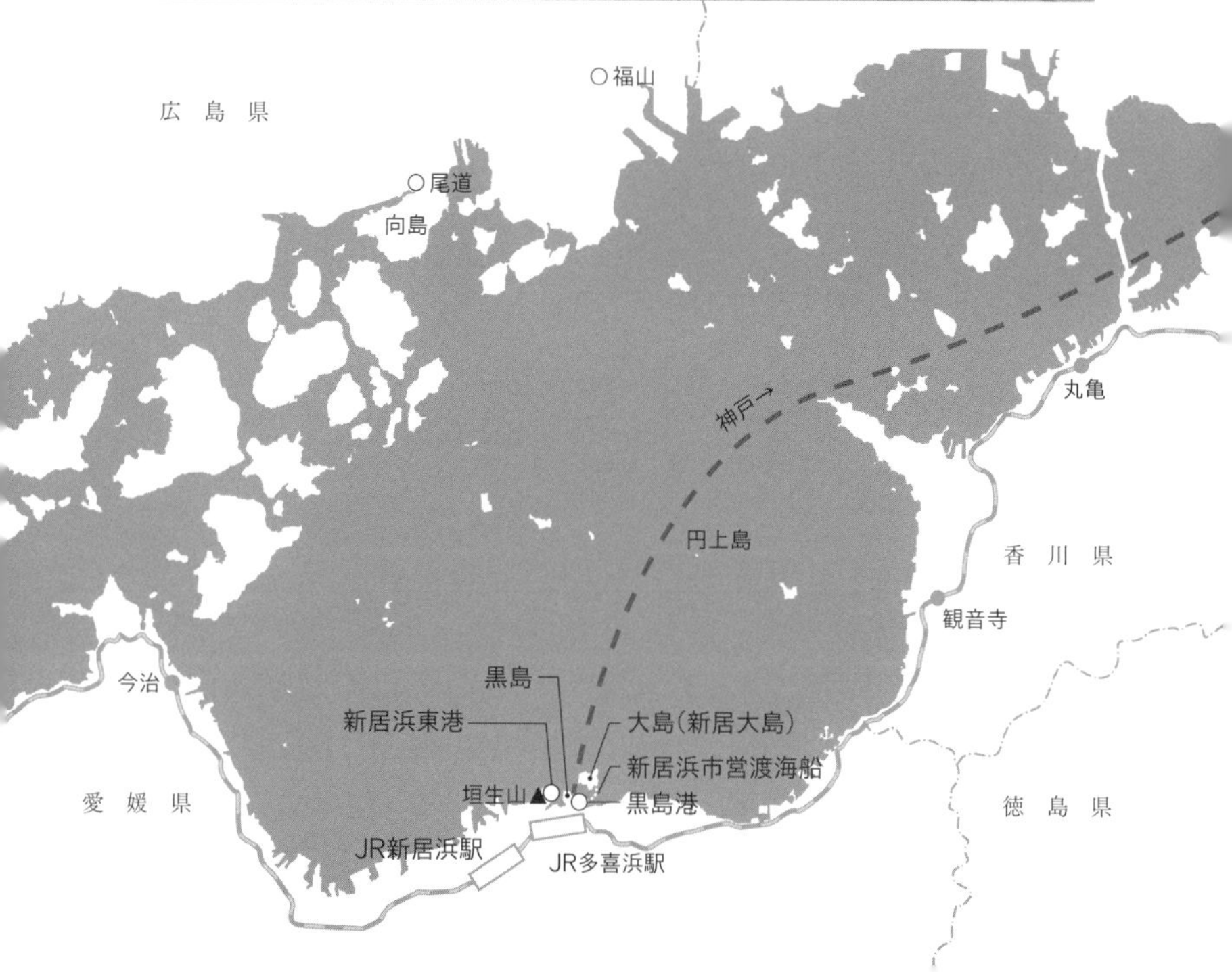

先に深夜航路の「お手ごろ感」を述べたが、100円でおつりがくるミニ航路もありがたい。もし若い旅行者であれば、こういうのではないか。

「えっ、60円で渡れるの。なんか、かわいい」と。

安いプチ航路は、いわくいいがたい「かわいさ」がある。

大島へ渡る船（「おおしま7」）は、船首と船尾が同形状。つまり、船首と船尾はどちら側からでも前に進むことができる。1階が車両甲板で2階が小さな船室、3階がさらに小さいスペースの操舵《そうだ》室となっており、三角の形をしている。運賃の安さだけでなく、航行距離の短さ、船のコンパクトさ、それらすべてを含めて愛らしい感じがする。

船は2・5キロの距離を15分で結ぶ。大島は周囲およそ9キロ（約2平方キロ）の比較的小さな島で、人口は200名ほど。傾斜地が多いため、集落は港のある南側に密集している。黒島港を出航すると、すぐに大島の全景が見えてくる。

船はみるみるうちに大島へと近づき、港に到着。ガタンガタンと原付バイクや車が勢いよく陸へと上がり、乗客も同時に車両甲板からばらばらと下船する。船は働き者で、昼休みの時間帯を除けば、係留後10～20分で再び折り返す。朝6時台から夜の9時台まで、15往復も運航している。下船が終わると、大島で待っていたバイクや車、徒歩客が折り返し便に乗り込んでいく。

港にいた係員のおじいさんと立ち話をして、あれこれ伺う。

「安くて便利な船だけど、通勤で使う大人も通学の子どもも、今じゃいませんねえ」とのこと。

新居浜市営渡海船は片道運賃60円と格安

三角形の渡海船（「おおしま7」）は、船首と船尾が同形状（黒島港）

黒島港を発った渡海船から大島（新居大島）を眺める

便数の多さと格安の運賃、所要時間が15分ということを考えると、てっきり通勤通学で利用する人が多いのかと思ったが、この島でも少子高齢化は進んでいる。大島の小学校は２０１３年に廃校（２００８年休校）となっているように、島の子ども自体がいなくなってしまっている。

島を訪れたのは、最高気温が34度にもなる日。

島を散策するものの、もうどうしようもなく暑い。

港近くの木陰で昼寝をし、正午ころの船で大島を発って黒島港に戻る。

ふうふう汗をかきながら、今度は黒島港周辺を散策することにする。

気になっていたのは、島の名残――。

地名が示すように、ここはかつて黒島という島だった。

黒島は、江戸の元禄時代から塩田のための干拓がはじまり、陸つづき（陸繋島《りくけいとう》）となった。黒島の西側は今では広い埋め立て地となり、工業団地になっている。地名には「島」という名称が残されているものの、いったん島が埋め立てによって陸つづきになると、かつて島だったころの面影はほとんどなくなってしまう。

もともと新居浜市には、船で渡った大島のほかにも、ここ黒島や御代島《みよしま》、垣生山《はぶやま》、久貢山《くぐやま》といった多くの島があった。今でも離島なのは大島だけで、そのほかは埋め立てによって陸つづきになってしまっている。１９５９年に国策として塩田が廃田となったあとも埋め立てや開発は進み、今では工業団地や港湾施設が建ち並んでいる。

1911年に発行された地図。塩田のための干拓によって、黒島が陸つづきになっているのがわかる
(『新居濱[1911-2]』大日本帝国陸地測量部、国立国会図書館所蔵)

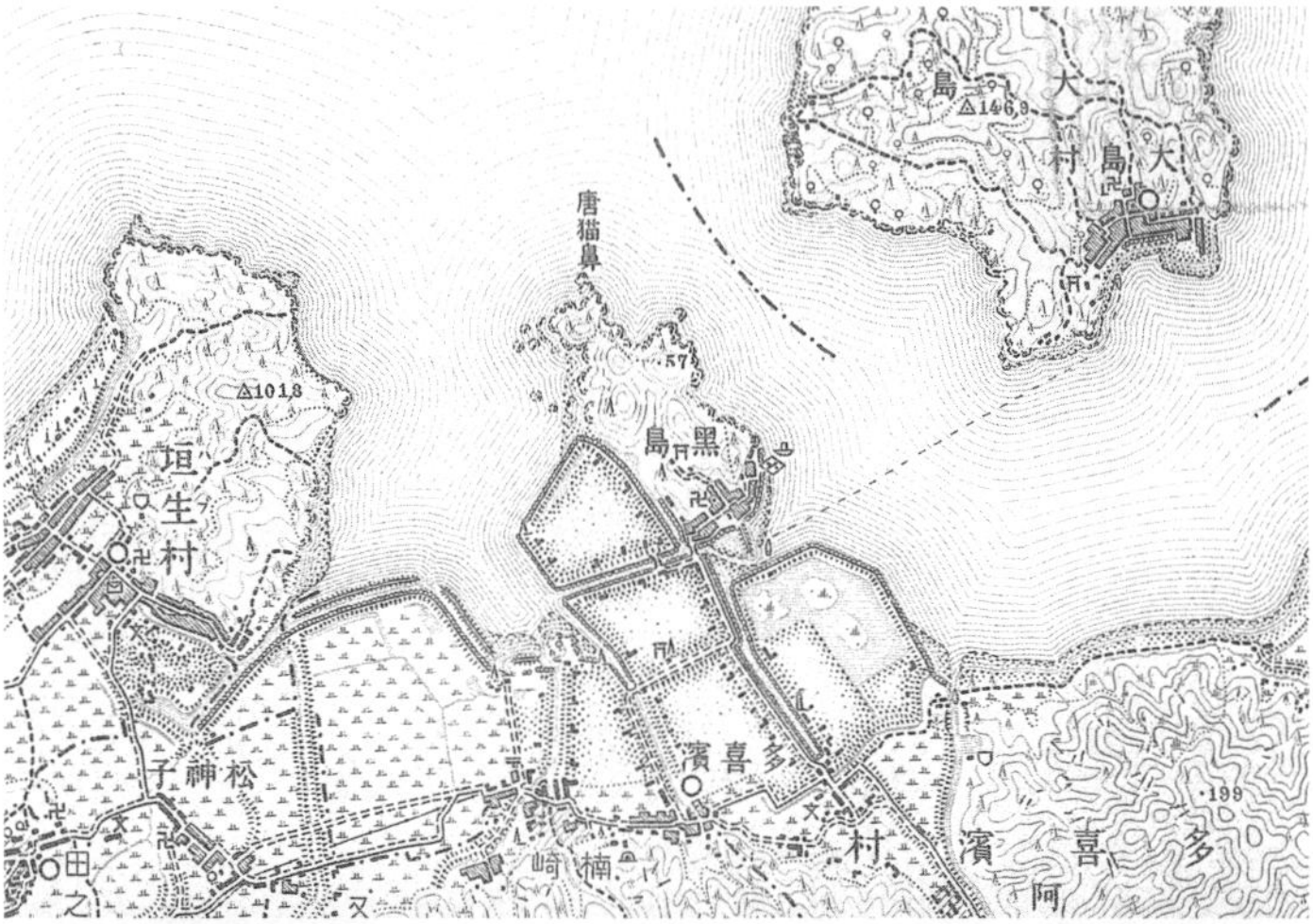

黒島が陸つづきになった今でも、鬱蒼とした緑に覆われている黒嶋神社

黒島が島であったころの面影を探して、黒島港周辺を歩く。

やはり島の名残というのは、なかなか見つからない。

ただ、標高53メートルの黒島山の周辺だけは今でも鬱蒼《うっそう》とした緑が広がっている。山の麓《ふもと》にある黒嶋神社の大きな木々を眺めていると、「島であったころの記憶」を受け継いでいるように思えてくる。この緑の木々だけは、昔から変わっていないのではないかと。そもそも黒島という地名も、島内の木々が黒々と繁っていたことに由来しているそうだ。

黒嶋神社から黒島港に戻ると、大島へと向かう船が次の出航を待っている。

今や島が減ってしまい、新居浜市唯一の島となった大島。

島が島であることは当たり前ではない。

いつまでも島が島でありつづけるとは限らない。島が減っていくという現実にも気づかされる。

また、たとえ埋め立てによって島が陸つづきにならなくても、島に橋が架けられるケースもある。島に橋が架かって陸地と結ばれると、島ではあっても「島の個性」は急激に薄まっていくように思える。実際、船で渡った大島にも具体的進展はないにせよ、架橋《かきょう》の構想も取り上げられたことがあるという。

　これらのことを考えると、島が島でありつづけること、島に船で渡れるということが貴重なことに思えてくる。そう、今でも黒島港には60円で大島に渡れる航路が現存しているのだ。

黒島港の近くにはバス停があり、1〜2時間に1本は路線バスが走っている。ここから、JR新居浜駅までは7、8キロも離れているので、本数は少なくともバスの存在はありがたい。新居浜駅に出て特急列車に乗ってしまえば、その後の移動に苦労はない。

バスを乗り降りした客は、自分を除けば、あとひとりだけ。

空《す》いているバスに揺られ、今回の旅の余韻に浸る。

6000円台の深夜航路から60円の航路へと乗り継いだ、船の旅の終わり。

どちらの航路にもそれぞれの「お値打ち感」があって、それぞれの魅力がある。

結局、どうだろう。

やはり、あまりお金のかからないことに、幸せは宿るのではないか。

そうだ、安いって愉しい。

リッチだから愉しい人生なんて、まったくもって信用できない。

夏空の下、バスはがたがた、がたがた、ゆっくり走る。

07

直島（宮浦）↓宇野

香川県香川郡直島町

岡山県玉野市

深夜の通勤航路

直島（宮浦）→宇野

直島《なおしま》（香川県）の玄関港である宮浦《みやのうら》港と宇野《うの》港（岡山県）を結ぶ。運航距離は4・5キロ、所要時間15分。深夜航路における最短航行距離・最短所要時間の航路。船舶（「アートバード」）は深夜航路の中で最も小さく、乗客のみの輸送で車両運搬はない。都市部の「終電」のように日付をまたいだ深夜に最終便があるのは、短距離航路においては全国で唯一の存在。

00:15	発
00:30	着

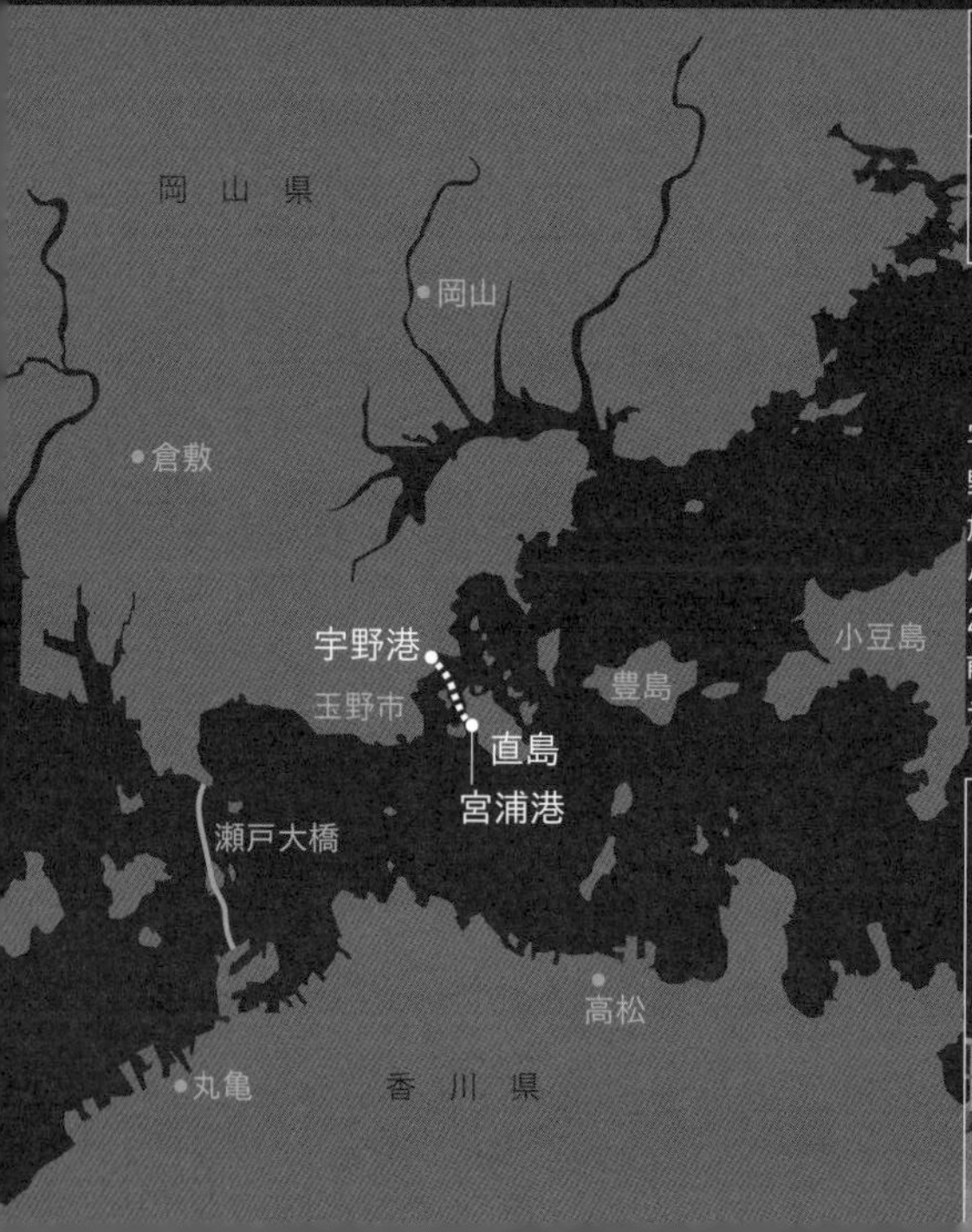

四国汽船

写真は直島の宮浦港で00:15の出航（宇野行）を待つ「アートバード」（19トン、旅客定員80名）。全長は約21メートルと小型で、航海速力は30ノットの高速船。2名の船員が乗船し、運航·改札を行う。前方は座席の船室、後方はデッキのベンチ席になっている。

真夜中に見えてくるもの

不思議な深夜航路だ。

24時間運航の桜島フェリーを除くと、短距離航路において夜遅い便はほとんどない。ましてや、日付をまたいだあとに最終便が出航する短距離の航路は、全国でもここだけだ。

なぜ直島と宇野を結ぶ本航路には、短距離なのに深夜便があるのだろう。


直島の夜。今や「アートの島」として人気を博している直島。島のあちらこちらにアート作品や施設がつくられており、日中に訪れると観光客の多さ、海外からの旅行者の多さに驚かされる。そんな熱気も夜遅くになると、静かな島の日常を取り戻す。

直島の西岸に位置する宮浦港は、宇野〜直島〜高松間のフェリーが発着する直島の玄関港。アートの島・直島の看板ともいえるオブジェ、「赤かぼちゃ」（草間彌生《くさまやよい》作）が港に佇《たたず》んでいる。てんとう虫を想起させるボディに黒い水玉が描かれている。日中はひっきりなしに観光客の記念撮影が行われるスポットだが、深夜に訪れると誰もいない。

水玉模様のいくつかはくり抜かれており、内部に入ることができる。内部がうっすらとライトアップされており、昼間とはまったく違う雰囲気を醸し出している。外は月明かりがほんのりとオブジェを照らす。昼間に観察していると、派手でキュートな形といったようにしか感じられなかったのに、真夜中のオブジェは、静かに呼吸をしているかのように艶《なま》めかしく映る。

作家・脚本家であった向田邦子は、真夜中にこそ「見えてくる」光景があると、次のように記している。


子供が夜中にご不浄〔お手洗い〕に起きる。

往きは寝呆けていたのと、差し迫った気持もあって目につかなかったが、戻りしなに茶の間を通ると、夜目にぼんやりと薔薇が浮んでいるのに気がつく。

闇のなかでは花は色も深く匂いも濃い。

子供は生れてはじめて花を見たのである。

(「夜中の薔薇」『夜中の薔薇』)


花に限らないだろう。

アートも旅も、真夜中にこそ「見えてくるもの」「匂い立つもの」が、きっとある。

さて。そんな直島の「赤かぼちゃ」がある港に、深夜航路が通じている。

宇野に向かう最終便、0時15分発だ(所要時間15分)。

直島町《なおしまちょう》(直島を中心とした直島諸島)に暮らすのは、約3000人。比較的小さな島において、なぜ0時をまたいだ深夜便が必要なのだろうか。先述した通り、短距離航路において、日付をま

真夜中のオブジェ。アートの島·直島の象徴でもある「赤かぼちゃ」(宮浦港)

たいだ時刻に最終便が出航する航路は、ここ以外には存在しない。たとえば明石《あかし》と淡路島を結ぶ淡路ジェノバライン（明石港〜岩屋《いわや》港、所要時間約13分）は、全国でも珍しく夜遅くまで就航している短距離航路だが、それでも23時台が最終便になっており24時（0時）以降の船はない。

深夜勤務と深夜航路

静かな宮浦港から、0時15分発宇野行の船に乗り込む。

深夜に運航しているのは、日中に航行しているフェリーではなく、小型の旅客船「アートバード」（19トン、旅客定員80名）だ。0時以降の便は深夜料金となり、運賃が倍になる。とはいえ、片道290円が深夜料金で580円になる程度なので良心的。

深夜の港の静けさとは裏腹に、意外にもぱらぱらと乗客が現れ、席が埋まっていく。その多くは原付バイクで港へやって来て、港前の駐車場に停めて船に乗り込む。総勢20名を超える人数だ。この日は2017年7月上旬。週末ということもあり、夜釣りを終えた釣り師も数名いる。

船員さんに訊《き》いてみたところ、釣り師を除くその他大勢は「交代勤務の三菱さんだよ」という。直島には三菱マテリアルの大きな工場（製錬所）があり、三交代勤務制のため深夜の便を走らせているとのこと。つまり、宮浦0時15分発の便には勤務を終えた従業員が乗り込み、折り返しの宇野0時30分発の便には勤務に向かう従業員が乗り込む。深夜便は三菱マテリアルの深夜勤務の交代に応えている形だ。深夜便を利用するのは、20代30代と思《おぼ》しき若い方々が、比較的多い。

00:00過ぎ、宇野行「アートバード」の船室がぱらぱらと乗客で埋まっていく

「アートバード」の後方は、デッキのベンチ席になっている

船の前方は40名ほどが座れる船室となっており、後方はデッキのベンチ席。夜の直島の景色を堪能したいので、デッキ右舷側のベンチ席に座る。デッキでは、釣り師らが釣果《ちょうか》の余韻を愉しむかのように会話をはずませる。

午前0時15分、定刻に宮浦を出航。

しんと静まり返った港に、ブロロロと船のエンジン音だけが途切れなく響く。

港を出ると、船はぐんと加速して直島の沿岸を北上する。

デッキに深夜の風が心地よく流れる。

船から眺める深夜の直島は、真っ暗。直島の北部は風戸山《せとやま》（標高117メートル）があるなど山がちな地形なので、集落の灯《あかり》はない。

あっという間に直島の先端沖に出ると、製錬所の港の灯が見える。直島の北端にある広大なエリアは、工場群になっている。停泊した鉱石専用船の灯が煌々《こうこう》と闇を照らす。

製錬所というのは、輸入した銅鉱石を銅製品に加工する工場のこと。1917（大正6）年、三菱合資会社は直島製錬工場の操業を開始した（現三菱マテリアル）。以降の直島は、三菱系の企業城下町として急速に発展したが、一方で公害（製錬所の煙害《えんがい》）にも苦しめられた。排煙の臭《にお》いだけでなく、鉱石を溶錬する際に発生する亜硫酸ガスによって、木々が枯れてハゲ山が広がっていった。

第二次大戦後は施設改良が進んだものの、一度汚染された土壌の回復には時間がかかる。日中の航路に乗ると、島の北側には、植栽《しょくさい》が進められているものの、今でも木々がまばらな箇所が点在していることがわかる。

そんな直島の雇用や財政を支えてきた一企業も、銅の供給過剰や価格低迷に苦しみ、今では事業領域を産業廃棄物処理まで拡大して、廃棄物のリサイクルにも乗り出している。

大正時代以降の直島を概括すると、企業城下町として栄えた光と影があり、そして2000年ころからは「アートの島」として脚光を浴びはじめたという流れになる。そして、今でも製錬所は24時間稼働しており、そのための深夜便が運航されているというわけだ。


この深夜航路は、直島（宮浦）から宇野まで約4・5キロという短かさ。船が直島の北端を過ぎると、宇野港までは2キロ足らず。小さな無人島の下烏島《しもがらすじま》の脇を通り、宇野港へと滑り込む。所要時間はたったの15分。

宇野港に0時30分到着。

港からJR宇野駅は歩いてすぐだが、もうとっくに終電はない。下船客は宇野港周辺の玉野《たまの》市であれば歩き、遠方であれば港に停めておいた車かバイクで移動する。「深夜の通勤航路」であるため、乗客の多くは寝静まった街へと寡黙《かもく》に消えていく。

宇野港に着いた「アートバード」は、今度は0時35分発の直島（宮浦）行となり、すぐに折り返す。直島には0時50分に到着する便で、これが最後便となる。

港で直島行の最終便を見送ろうと観察していると、深夜にもかかわらず、先ほどと同じく二十数名が乗り込んだ。その多くは製錬所に勤務する客だろうが、夫婦と思しき乗客も交じっていたりと、一般客の足にもなっている。

0時35分に出航した船は、港内でくるりと舳先《へさき》を前方に向けると、高速船らしく一気に加速していく。あっという間に船灯《せんとう》が小さくなり、真夜中の海へと吸い込まれていく。

伝説の岩、五人宗谷へ

宇野駅近くで宿泊し、その日の昼過ぎにまた宇野港へ出向く。

今度は港から船をチャーターして、宇野港と直島の間にある海域へ行ってみたい。

瀬戸内は、海上タクシーが発達しているので、定期航路が通じていない島や便数が少ない島にも行きやすい。しかも人数が多ければ頭数で割ればいいので、海上タクシーは生活に身近な存在となっている。しかし、今回の行き先は「岩」なので、ひとりで船を借りる。

目指すは、五人宗谷《ごにんぞわい》。

「ぞわい」「そわい」というのは、瀬戸内地方での浅瀬・岩礁《がんしょう》の呼び名であって、ここでは「宗谷」という字があてられている。簡単にいうなら「(海に浮かぶ) 5人(5つ)の小さな岩々」といったところ。

宇野港の南東1キロ沖には小さな無人島、下烏島がある。五人宗谷というのは、その近くにある岩礁で、次のような伝説が残されている（「玉野の伝説」『玉野市史続編』参照）。

――いつのころの時代かははっきりしないが、ある日、5人の目の不自由な者たちが備後《びんご》の鞆《とも》（現在の広島県福山市）にある廻船《かいせん》問屋を訪れ、大坂行の船便を待っていた。服装も人柄も上品な、一見裕福そうな5人。

「座頭さん、どちらまでおいでですか」

「私たちは、いずれも検校《けんぎょう》の位《くらい》（盲官の最高位）をいただくため、都へのぼっているのです」

その話を聞いていた、あるひとりの船頭が「座頭さん、私が大坂まで送りましょうか。船賃を奮発してくだされば今からでも送りますぜ」という。待たされることを覚悟していた5人は、喜んでこの船頭の船に乗り込み、船は順風に帆をあげて東へと走りはじめた。

どのくらい走ったか、やがて日も暮れてきた。

風が凪《な》ぎ、船底に水が溜まってきたようで、船頭は「ちょっとこの先の島にあがって待っていてくれないか」という。5人は素直にうなずき、船頭に手をひかれて島に上陸した。

5人は打ち寄せる波の音を愉しみながら待った。

しかし、一向に船頭の迎えは来ない。

「船頭さん、まだか」と声をかけてみたが、返事がない。

「船頭さん、船頭さん」と大声で呼んでいるうちに、潮が足元を濡らしはじめた。

ようやくだまされたと知った5人は、声を限りに助けを求めたが、あたりには船の気配はなく、足から腹へ、腹から胸へと潮が満ちてくる。お互い離れまいとして抱き合った5人は、ついに没して、海の藻屑《もくず》と消えた。


——という、五人宗谷の話。

伝説や民話は、起源の真偽は定かでなく、長い年月によって内容もさまざまに変化していく。うわさ話や、何らかの意図によってつくられたものもあるだろう。ただ、それを伝承として何百年と語り伝えてきた生活文化があったということは、揺らぎようがない。

伝説や民話には、物悲しいものが多いが、この五人宗谷もそう。

そして、なぜか物悲しい話は人を惹きつける。


チャーターした船が宇野港を出る。

あっという間に、小さな無人島の下烏島に着く。五人宗谷は国土地理院の地図には記載されていないが、この島の北東200メートルほどの沖合にある岩礁だ。

船長さんが「あの小さな3つの岩が見えるでしょ。あれですよ」と教えてくれる。訪れたのは、小潮の時期で干潮を少し過ぎた時間帯。最初は「五人宗谷に行きたい」という客を「珍しい。何

海上タクシーで宇野港沖合の岩礁・五人宗谷に近づく。後方に見える島は下烏島

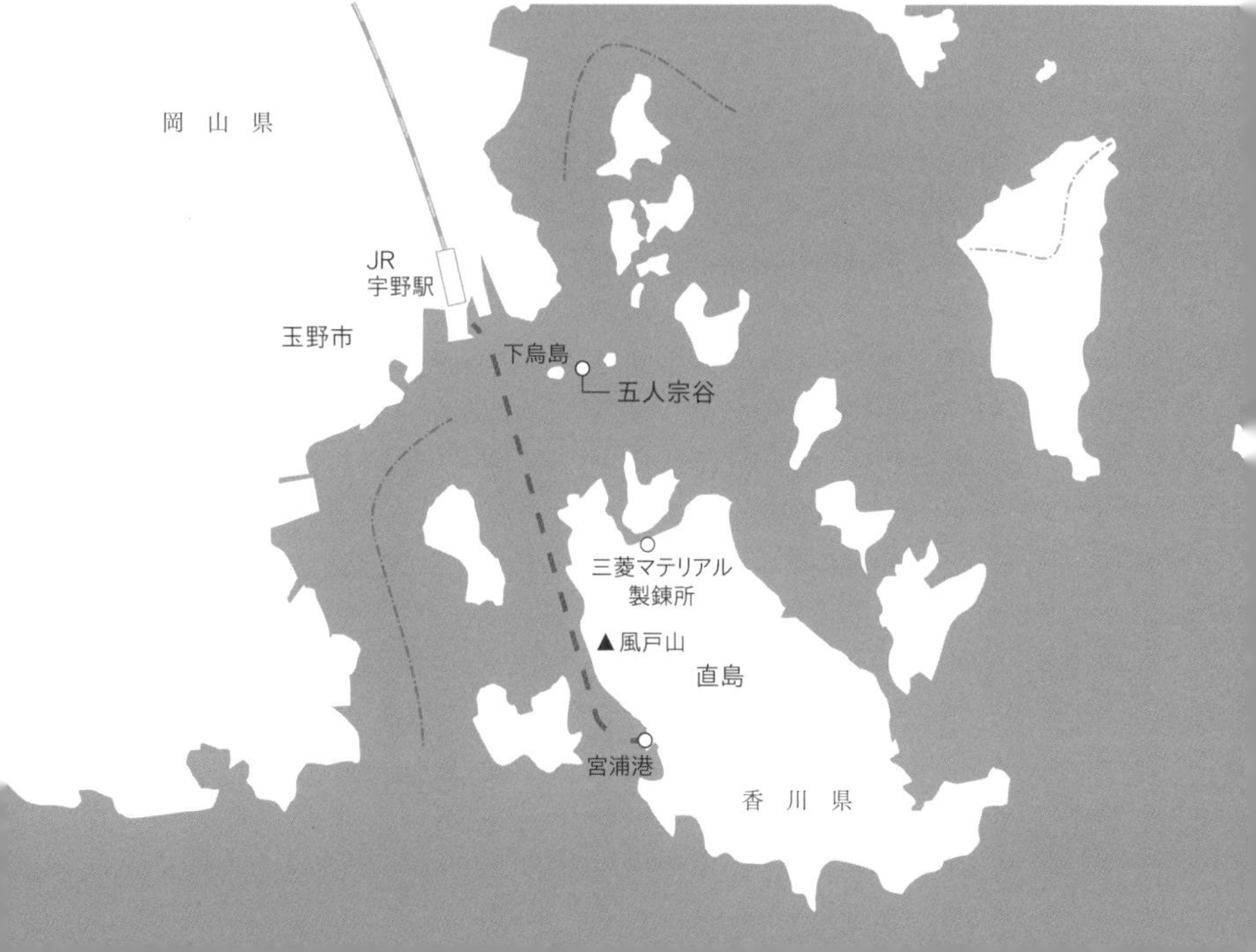

しに（行くの）です？」と半信半疑だった船長さんが、いろいろと教えてくれる。「大潮の干潮だったら、もう少し多くの岩が海面に出てきますね」とのこと。つまり、五人宗谷とは、厳密な個数ではないものの、5つ前後の小さな岩々があるところという意味。5つ前後の岩を「海の藻屑と消えた5人」と見立てて、物語がつくられたのだろう。

この日の五人宗谷は、3つの小さな岩がほんの少しだけ海面に顔を覗《のぞ》かせているだけ。2つの岩には海鳥がそれぞれ1羽ずつ羽を休めている。それらの岩は、海面から出た高さは50センチ、横幅は1メートルといったところ。大きな海鳥が2、3羽ずつしか休めないくらいの、小さな岩だ。近くには、タコ漁のための白いブイも浮かんでいる。

五人宗谷の話では「このあたりでは、今でも雨の夜などにこの海を通ると海の底から話し声が聞こえ、すすり泣きの音も聞こえる」という（同前参照）。

五人宗谷の周辺は浅瀬になっているため、かつてはこの海域で座礁《ざしょう》した船もあったことだろう。それゆえに、「むやみに近づくな」「雨や夜の視界の悪い際は、とくに気をつけろ」という教訓から、物語がつくられたのかもしれない。

その起源の真偽は知るすべもないが、現地を訪ねて強く感じるのは、この小さな岩々（五人宗谷）を見て、人は物語をつくらずにはおれなかったのではないか、ということ。海面に少しだけ顔を覗かせる岩は、儚《はかな》げだ。潮が満ちれば、すぐに姿を消してしまいそうで、佇まいはいかにも淋し気に映る。広い海の真ん中にぽつぽつと浮かぶ岩は、寄る辺《べ》ない「孤独な人間」そのものだ。

南側から見た五人宗谷（小さな3つの岩）。中央と右端の岩では海鳥が羽を休めている。中央の岩の後方に見えるのは、タコ漁用の白いブイ

北側から見た五人宗谷。後方には直島の北部にある製錬所の関連施設が見える

そんな「人」のように思える岩の存在を人は放ってはおけなかったのではないか。「私もあなた（岩）の哀しい気持ちがわかるよ」と、人は儚げな岩に自分自身の人生を重ね合わせたのではないか。

五人宗谷の近くから直島を眺めると、製錬所の建物が並び、生々しく山の地肌が剝《む》き出しになっている。五人宗谷から直島までは、南に約1キロの距離と近い。工場群を遠望していると、伝説がつくられたころとは隔世《かくせい》の感がある光景に思えてくる。

この五人宗谷は、宇野港と直島（宮浦港）を結ぶ航路からも近いが、船上からは下烏島の陰に隠れてしまうため、眺めることはできない。

多くの人が行き交う直島のそばには、今でも五人宗谷という物語が残っている。そして、その岩々は、今も変わらずにひっそりと佇んでいる。

自然の造形を見て、自分の人生と重ね合わせる。何を見ても何かを想像する。そんな自然との交感が豊かであったろう、いにしえの生活。

時代は変われど、ぽつぽつと浮かぶ岩は、ぽつりぽつりと語りかけてくる。

08

柳井
↓
松山

山口県柳井市

愛媛県松山市

中国・四国を結ぶ唯一の深夜航路

柳井→松山

01：00 発
03：25 着

山口県の柳井《やない》港と愛媛県の松山港（三津《みつ》浜《はま》港）、61・2キロの距離を2時間25分で結ぶ。周防大島《すおうおおしま》松山フェリーと防予《ぼうよ》フェリーの2社が同航路を運航している。本項で紹介する周防大島松山フェリーの深夜便は、途中で伊保田《いほた》港（山口県大島郡周防大島町）を2時13分に経由する。深夜航路としては、中国地方と四国を結ぶ唯一の航路。

周防大島松山フェリー

写真は柳井港で01:00の出航（松山行）を待つ「しらきさん」（443トン、全長63メートル、旅客定員150名）。船室は車両甲板の上層、1フロアにまとまっている。船室の窓側（両舷）に3人掛けのイス席が並び、中央部に雑魚寝タイプのカーペット席がある。船室に等級分けはなく、旅客運賃は均一。

謎めく深夜の寄港地

乗船する徒歩客は自分を除けば、あと2名のみ。

柳井港は、JR山陽本線の柳井港駅から150メートルほどしか離れていない。岩国駅からの下り最終列車は、柳井港駅に24時過ぎに到着し、柳井港1時00分発の便に接続している。徒歩客にとっては便利な深夜航路なのに、やはり本船もトラックの輸送がメイン。水槽を積んだ活魚車など、5台ほどのトラックが船に乗り込んだ。

本州と四国の間には、3つの橋（連絡道路）が架けられているが、山口県と四国を結ぶルートはない。道路でカバーしにくい山口県と愛媛県を結んでいるのが、本航路の特徴。さらに深夜航路に限ってみると、今や本航路は中国地方と四国を結ぶ唯一の航路だ。かつては、岡山県宇野《うの》と香川県高松を結ぶ深夜航路があったが、今はもうない（2014年に四国急行フェリーが深夜便を廃止）。瀬戸内をまたぐ高速道路が整備されればされるほど、各社航路の経営状況は厳しくなっていく。

乗船したのは、フェリー「しらきさん」（443トン）。周防大島（屋代島《やしろじま》）にある白木山にちなんで命名された船。全長63メートル、旅客定員150名と比較的小さな船だ。1階は車両甲板で2階は船室、最上階はデッキという、ごくごくシンプルな構造をしている。

船室に入ると中央に広々とした雑魚寝タイプのカーペット席があり、その左右に3人掛けの座席が縦に10列ほど並んでいる。3人用の座席といってもヒジ掛けがないので、空いていればロングシートとして横になることもできる。

カーペット席には誰もいない。3、4名ほどの乗客がぽつぽつと座席に散らばるのみ。短い航行時間ということもあって、トラックドライバーの多くは車から降りずに運転席でくつろいでいるようで、あまり船室に上がってこない。ガラガラな空間が、申し訳ないものの心地よい。

柳井港は、過剰な照明にさらされておらず、ひっそりとした情緒がある港。

午前1時00分。ゆっくりゆっくり、船は松山（三津浜港）へ向けて港を離れる。

やがて、大きな橋の下をくぐる。本州（山口県柳井市）と周防大島を結ぶ、全長1020メートルもある大島大橋だ。橋の下を通り抜けると、船は徐々に本州から離れて、周防大島に沿って航行する。やがて遠くの街灯がまばらになり、景色は闇に包まれ、静けさを増していく。


人影のほとんどない真夜中の船内。

ふと、台湾の絵本作家、ジミー・リャオの作品の一節が頭に浮かんでくる。

『幸せのきっぷ』という、鮮やかな絵が印象的な絵本がある。

その絵本は、ひとりぼっちになった主人公の少年が、愛犬のプリンとともに列車に乗って旅に

空いている深夜便の船内。カーペット席をはさむ形状で座席が並んでいる（「しらきさん」）

01:00に出航。柳井港の灯が遠ざかる

出るお話。前へ前へと進む列車が、少年の人生と重なり合う。列車はいつもガラガラで、出会う人はまばら。思い出の詰まったトランクを抱えつつ、車窓には里山の四季折々の鮮やかな景色が流れる。色とりどりの景色が、日ごろ忘れていた「大切なこと」「前へ進む意志」を呼び覚ましてくれる。今はもういない、大好きだった両親のこと、両親の言葉をあれこれと思い出しながら。

「だれもいない列車に乗る幸運に出会ったら、奇跡が起こるのよ」
と言ったママの言葉を忘れていた。

(『幸せのきっぷ』岸田登美子訳)

幼き日に発してくれた母親のひと言が少年の胸にリフレインする。少年は犬のプリンと誰もいない列車に乗っている。列車に揺られながら、少年はかつての母親の言葉の意味を噛みしめる。母の言葉を胸に、忘れていた「希望に手を伸ばすこと」を取り戻しはじめる。

この美しい物語には、大人も思わず感化されてしまう。

きっと大人も子どもも感覚的にわかるからだ。

もしも回送列車のような誰もいない列車に乗ることができたら、どれほど幸せな気持ちになるか、ということが。誰もいない列車は、自分に向き合う時間をくれる。これまでのこと、これからのことが頭の中に去来して、窓の景色が違って見えてくる。

「窓をあければ、新鮮な空気が入ってくるのを忘れ、いつでも笑顔でいれば、幸せがくるのを忘れていた」（同前）というように。

列車だけではないだろう。

深夜航路の魅力も、きっとここにある。

誰もいない船に乗る幸運に出会ったら、奇跡が起こるのではないか——。

そんな思いがわいてくる。

今、松山へと向かっているこの船には、片手で数えられるほどの客が乗ってはいるものの、こんな広々とした船内では、ほぼ空間を独り占めしているような気持ちになる。深夜航路は、おおむねトラック輸送がメインであるために、わずかな乗客がいるものの「誰もいない」という感覚を抱きやすい。そして、「誰もいない」という感覚が、とても心地よい。

そんな深夜航路は、誰かとしゃべる機会もしゃべる必要もないために、『幸せのきっぷ』のように「想念の空間」となるのではないか。

——とはいえ、午前2時近くにもなると耐えきれない睡魔が襲ってくる。

前日の金曜日は大阪出張の仕事があり、現地での打ち合わせを終えたあと、そのまま旅に出た。そのためザックには仕事の紙資料が入っており、重い。そんな道中もあって、疲れが溜まっていたのだろう。

熟睡するのを避け、3人掛けのシートに少しだけ横になる。

深く眠ってはいけない。

なぜなら、船はダイレクトに松山へは向かわず、途中で周防大島の伊保田に寄港するダイヤ(2時13分着、2時18分発)が組まれている。この不思議な寄港風景を眺めてみたい。なぜ、こんな真夜中に周防大島にある小さな港にわざわざ立ち寄るのか、不思議だ。

しかし、船は寄港しなかった。

なぜなのだろう。

運航ダイヤにはきっちり表記されていて、眠い目をこすりつつ起きていたのに、船は直接松山(三津浜港)へと向かった。そして、定刻の3時25分、松山に到着。

愛媛県の松山市にはフェリーが発着する港が3つあるが、三津浜港は小説『坊っちゃん』の舞台ともなった歴史のある港。(漱石自身の体験をもとにした)主人公が松山に新任教師として赴任する際に降り立ったのは、ここ三津浜港だ。

3時25分という、もうどうしようもない時間帯。

深夜が終わり、朝のはじまりのようでいて、まだ朝でもない。あくびが止まらず、どうしようもなく眠い。

到着した船は、10分後の3時35分に柳井港行となるため、いったん下船して、すぐに折り返し便に乗る。今度は、往路に通過した周防大島の伊保田港で降りるべく、切符は伊保田港まで。先に乗った柳井から松山までは片道3600円だったが、松山から伊保田までは片道2360円と距離に応じて安くなる。

今回の旅では、もともと途中の伊保田で下船して訪ねたい場所があった。しかし、柳井からいったん松山まで乗船したのは、深夜航路を柳井から終着の松山まで乗り通したかったため。また、夜を明かしたかったということもある。先に乗った深夜便では、伊保田に到着するのは2時13分。しかし、いったん松山まで乗り通したのち、すぐに折り返し便に乗って伊保田へ向かえば、伊保田に到着するのは4時40分。伊保田に2時台に到着するのはさすがにキツいが、5時前の到着ならば、もう朝だ。

松山の三津浜港3時35分発の便は、往路と同じく、徒歩客が5、6名ほどと少ない。タンクローリーやトラック、乗用車が7、8台ほど乗り込んだ。

4時半を過ぎる。

そろそろ途中寄港の伊保田に近づく時刻だ。

今回は伊保田を通過せずに寄港してくれるのかと気を揉《も》んでいると、ほどなくして伊保田到着を告げる船内アナウンスが流れる。

伊保田は周防大島にある、小さな港。まだあたりは真っ暗で、柳井港や三津浜港に比べると港の灯《あかり》がぐっと少ない。小さなプレハブの待合所が、ひっそりと灯をともしている。

港で待ち受けるひとりの作業員が、船から投げられたロープをビット（係留柱）につなぎとめ

伊保田港（周防大島）に近づくとランプウェイ（船首にある車両用の橋）が下ろされ、ここから下船する

伊保田港を発ち、柳井港へ向かう「しらきさん」

たりと、てきぱき動く。船の前方からランプウェイ（車両を乗降させる橋）が下ろされ、私ひとりだけを車両甲板から降ろすと、素早くランプウェイが格納される。係留のロープがささっと解かれ、4時45分発の船はあっという間に港を離れる。港でくるりと船首を進行方向に向け、真っ暗な闇に船の灯が吸い込まれていく。

深夜航路から小さな航路へ——情島

伊保田港で船を見送っていると、後方でバンと灯が消えた。

次のフェリーが到着するのは8時台。もうしばらくは「用済み」ということで、待合所の灯が消されてしまった。ひとりだけの作業員は、待合所の脇にある仮眠室にこもってしまった。

季節は4月の下旬、早朝はまだ肌寒い。

幸い、すぐ近くに小さなプレハブでできたバス停の待合所があり、中を覗《のぞ》くと長イスがある。照明もなく暗いが、サッシのドアを閉めると冷え込まないので、こっそり横になってしばし眠る。

ここ伊保田で立ち寄ってみたい場所は、2つ。伊保田港から北東3キロほど沖合にある、小さな島の情島《なさけじま》（山口県大島郡周防大島町）に渡る航路に乗ってみること。そして、港から歩いて行ける陸奥《むつ》記念館を見学すること。記念館には戦艦陸奥に関する遺物や遺品などが展示されているという。

伊保田港から情島へ（「第8せと丸」）

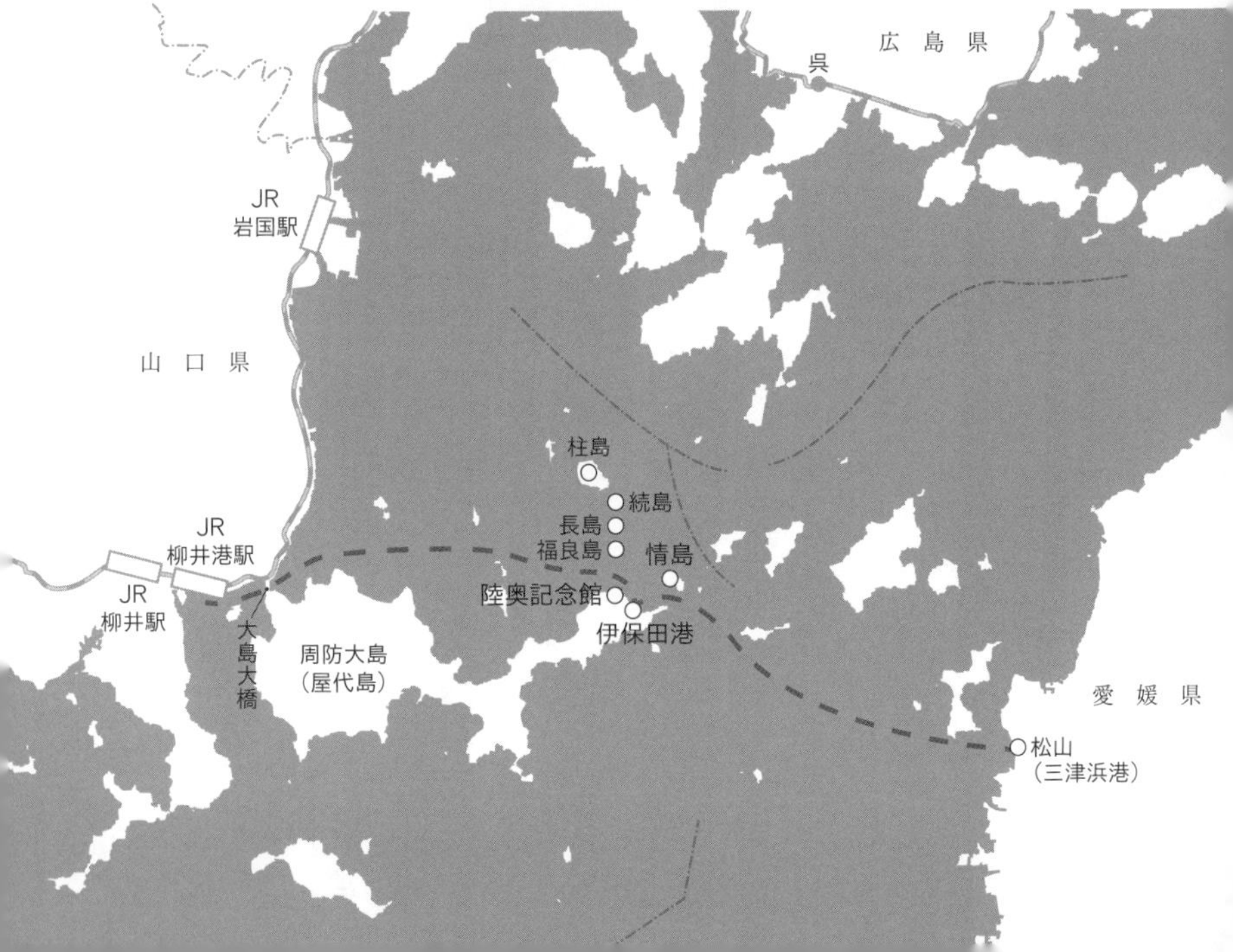

まずは伊保田港7時20分発の第1便（周防大島・町営渡船）に乗り込んで、情島へ。「第8せと丸」という、最大搭載人員25名の小さな船。乗客は自分ひとり。

こうして深夜航路から、小さな定期航路へと乗り継ぐことは愉しい。夜の旅を終えて、小さな船に乗る。朝のうららかな景色を眺め、澄んだ空気を胸いっぱいに吸い込む。風と陽射しを全身に浴びる。小さな島に着いたら、静かな時間に身体をゆだねる。それだけで、とても幸せな気持ちになる。

船は15分で情島に着いた。

島を訪れた日は、２０１７年の4月22日。情島小中学校が同年3月末に休校となり、まだ1か月も経っていないことを事前に知った。過疎化や少子高齢化の影響で、島唯一の学校は１２８年の歴史に幕を下ろした。学校に隣接していた児童養護施設「あけぼの寮」が、建物老朽化で島外の岩国市（山口県）に移転することとなったため、休校となった。２００６年には、もう島の子どもはいなくなり、情島小中学校の在校生は寮生だけになっていた。つまり、情島の学校に通っていた子どもは、すべて「あけぼの寮」で暮らす子どもで、この4月からは全員が寮の移転先の学校（岩国市）へと移った。情島の人口は約80名。「あけぼの寮」で暮らしていた子どもは14名。その人口比率を考えると、島民にとっての休校の淋しさは想像に難くない。

もう誰もいない学校を訪ねてみると、その美しさに驚く。

校舎の目の前は、美しい海岸。そして、堤防には「休校記念壁画」として鮮やかな海の絵が大

校舎の目の前は海。2017年3月に休校となった情島小中学校

校舎前の堤防に描かれた休校記念壁画

きく描かれている。生徒が描いた「ありがとう情島」のメッセージも刻まれている。校舎はいたるところ、どれだけ心をこめて掃除をしたのかと思うほど、ピカピカに整えられている。誰もいなくなった学校に、たくさんの感謝の念が込められていることを知る。

「学校なくなって、さみしいなりました」

と、道端で出会ったおばあさんはいう。

「もう残っているのは、老人ばっかり。子どもはみんな（島を）出たっきりで、この島じゃ孫を連れて戻って来ませんて」

やはり、学校がなくなってしまった淋しさは大きく、子どものみならず教職員ら学校関係者も島を去ったため、これからの不安を口にする。

長い立ち話がはじまる。

時おり嘆き節を交えながらも、おばあさんは明るい。やがて長男のことに話がおよぶ。長男はこの島の中学校を卒業と同時に島を出て高校・大学へと進学し、今では下関で貿易会社の若社長をしているという。なかなか羽振りがいい様子で、話を聞いているこちらも目を細めたくなる。

しかし。

「息子は何もわかっちゃいないよ」

と、なぜか話が急転。

「たまに会って（長男と）話せば、下関に出てきて暮らせばいいだって。今ここで育てているカボチャや大根もつくらなくてええ。お金ならあるから買えばええ。島で野菜ばかりつくっていると、そのうち草に埋もれちまうぞ。服ももっと買ったらええ。だってさ」

……。

長男の気持ちもわからなくはない。

きっと高齢の親に苦労をかけたくないという優しさだろう。しかし、おばあさんは島の魅力を力強く語る。

「都会じゃ、お金を使うばっかりで、ほかにやることないじゃない。ここじゃ気楽でしょ。野菜だって、つくりたいんだよ。つくりたいから、つくってるんだよ」と。

「お金を使うばっかり」

「つくりたいからつくる」

この言葉に、思わずはっとさせられる。

かつての自分自身もそうだった。

東京の大学を出て、大きな組織に勤めた。定期的な収入が得られるようになり、たまに実家に戻った際は、なんだかもどかしかった。親は服を大事に着つづけるし、何かにつけ「もったいない」と口にする。庭をいじったり、草むしりに延々時間を費やしている姿を見ては、貧乏ったらしい気がして恥ずかしかった。

20代だった自分は安定した収入を頼りに、どんどん消費した。飲食、服、レジャーと。でも、結局は何もかも虚しくなってしまった。何をしても全部つまらない。見栄の張り合い競争なのか、市場原理に乗せられすぎたのか、日々それなりに忙しいのに退屈でしょうがなかった。そして、新卒で入った大手企業を30歳で辞めて、不安定な道を歩み出した。

大切なものに気づくには、時間がかかる。

今では島のおばあさんの気持ちがよくわかる。ただお金を使って消費するのではなく、自分の意志で何かをつくること、育てること。自らつくることを愉しむこと。それは、効率性では測れないものを愛するということだろう。おばあさんがつくるカボチャや大根は、きっと太陽と大地の味がするのだろう。

「まあ、まだ身体が動くうちは、ずっとここにいますよ」といって、おばあさんは話を締めくくった。

情島を昼過ぎに発ち、伊保田港に戻る。近くにある陸奥記念館の見学を終えて、伊保田港16時17分発のフェリーで柳井港へ戻ることにした。

フェリーの切符売り場で訊《き》いてみた。

なぜ、(柳井港発の)深夜の便では伊保田に寄港しなかったのか、と。

すると、「深夜の便でしたら（船と港は連絡を取り合っているため）乗降客がいない際は、ここ（伊保田港）に寄港せず通過することもありますね」とのこと。「深夜に伊保田港で乗り降りする客はあまりいませんから」と。

16時17分発の船に乗り込む際は、15名ほどの徒歩客が下船し、3台の車も船から出てきた。深夜に乗った船と同じ、「しらきさん」だ。

伊保田港を出ると右舷《うげん》に柱島《はしらじま》と続島《つづきしま》が見えてくる。

陸奥記念館の見学を終えたばかりなので、ついつい戦艦陸奥のことを考えてしまう。

「しらきさん」が航行しているのは、旧日本海軍の戦艦陸奥が1943年に謎の大爆発をして沈没した海域だ。1千名以上が亡くなった大惨事で、船体の大半は引き揚げられたものの、3割ほどの船体は今も水深約40メートルの海底に眠っている。

今は青く澄んだ海が広がる、穏やかな瀬戸内海。

戦艦陸奥の爆沈から、（2017年時点で）もう74年が経っている。

「旅行、ですか」

と、船内で声をかけられる。

還暦くらいに映る、にこにこしたおじさんが「今帰り道なんですよ」と隣に座って話し出す。

伊保田から柳井に向かう切符。「上陸券」という表記が目を惹く

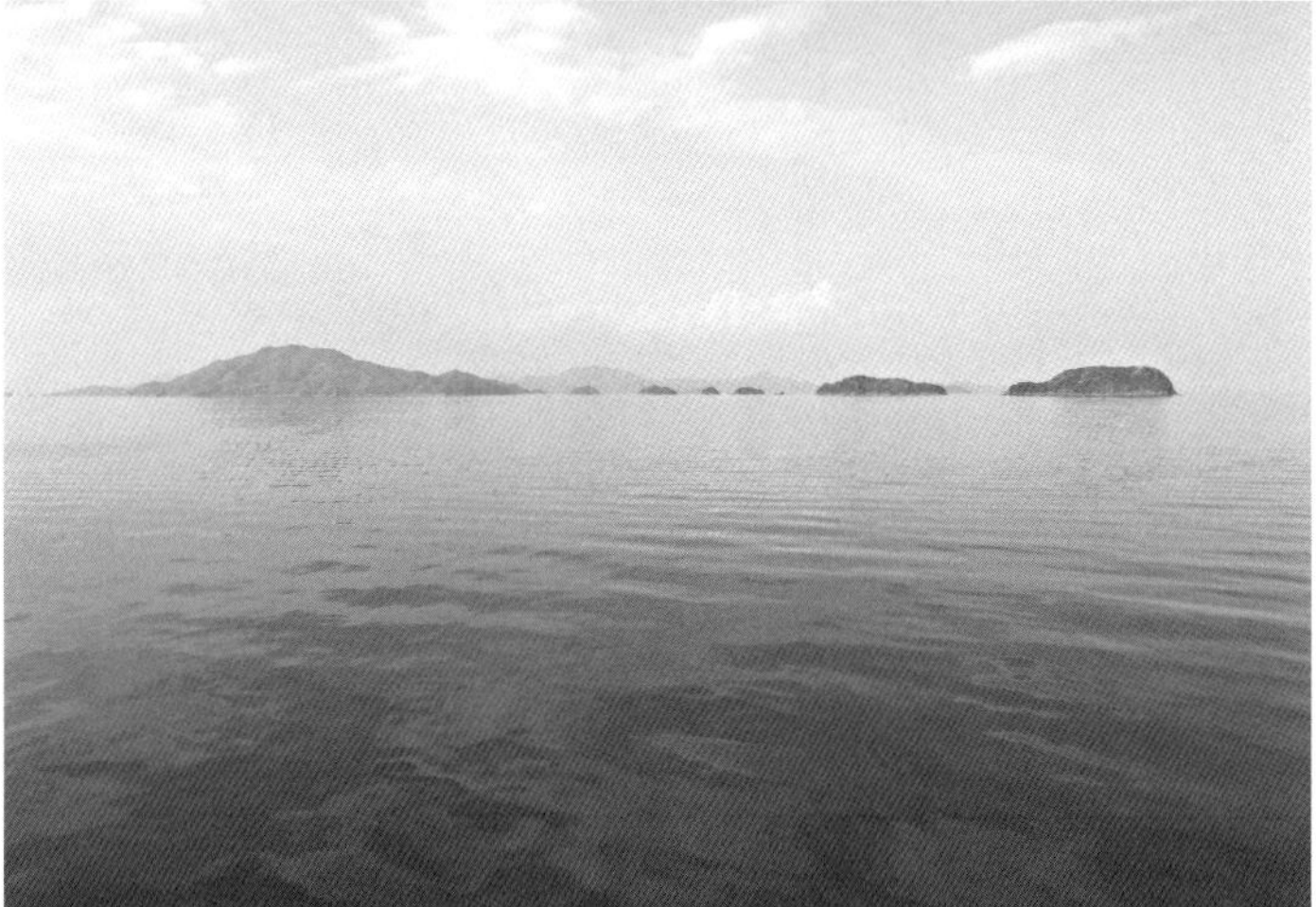

戦艦陸奥の沈没地点に近い沖合を航行する。左から順に柱島、続島（中央に点在）、長島、福良島

松山の大学出身で、今日は久しぶりの同窓会があったとのこと。お酒の酔いや同窓会の余韻もあって、ひとりの帰り道、誰かに話しかけたくてしょうがなかった様子。私と15分ほど話すと、また船内のひとり客を見つけては声をかけて話し出す。

そうこうしているうちに柳井港に着く。船は定刻の17時40分より少し早めに到着し、徒歩客はみな足早に駅へと向かう。柳井港駅17時41分発の岩国行の列車に間に合った。

先のおじさんは反対方向で、17時42分発の下関行に乗る。おじさんは駅のホームで別れる際、「来年また会いましょう」といって手を振ってくれる。「来年またフェリーを使って松山の同窓会へ行くから」と。

きっと同窓会のお開きの際、みな口々に「来年も集まろう」「来年また会いましょう」といい合って別れたから、ついその言葉が出てきたのだろう。

列車に乗り込むと、反対側のホームにおじさんが待つ列車が滑り込んでくる。

来年、また会いましょう——。

1年間どうかお元気で、という含意《がんい》のある言葉。

西陽に照らされた海が車窓を流れる。

ほんのりとおかしみのある言葉を車内で反芻《はんすう》していると、旅の終わりがふっとあたたかくなってくる。

09

徳山↓竹田津

山口県周南市

大分県国東市

中国・九州を結ぶ唯一の深夜航路

徳山→竹田津

山口県の徳山港と大分県の竹田津《たけたづ》港、48キロの距離を2時間で結ぶ。中国地方と九州を結ぶ唯一の深夜航路。九州側の竹田津港は、国東《くにさき》市中心街から離れた「国《くに》見《み》町《まち》竹田津」という小さな集落にある港ながら、中国地方を結ぶ玄関口として終夜運航体制となっているのが特徴的。24時間、1隻体制でピストン輸送が行われている。

02:00	発
04:00	着

周防灘フェリー

写真は徳山港で02:00の出航（竹田津行）を待つ「ニューくにさき」（725トン、全長67メートル、旅客定員293名）。船室は車両甲板の上層1フロアにまとまっており、前方にイス席が並び、後方に雑魚寝タイプのカーペット席がある。船室に等級分けはなく、旅客運賃は2等室として均一。

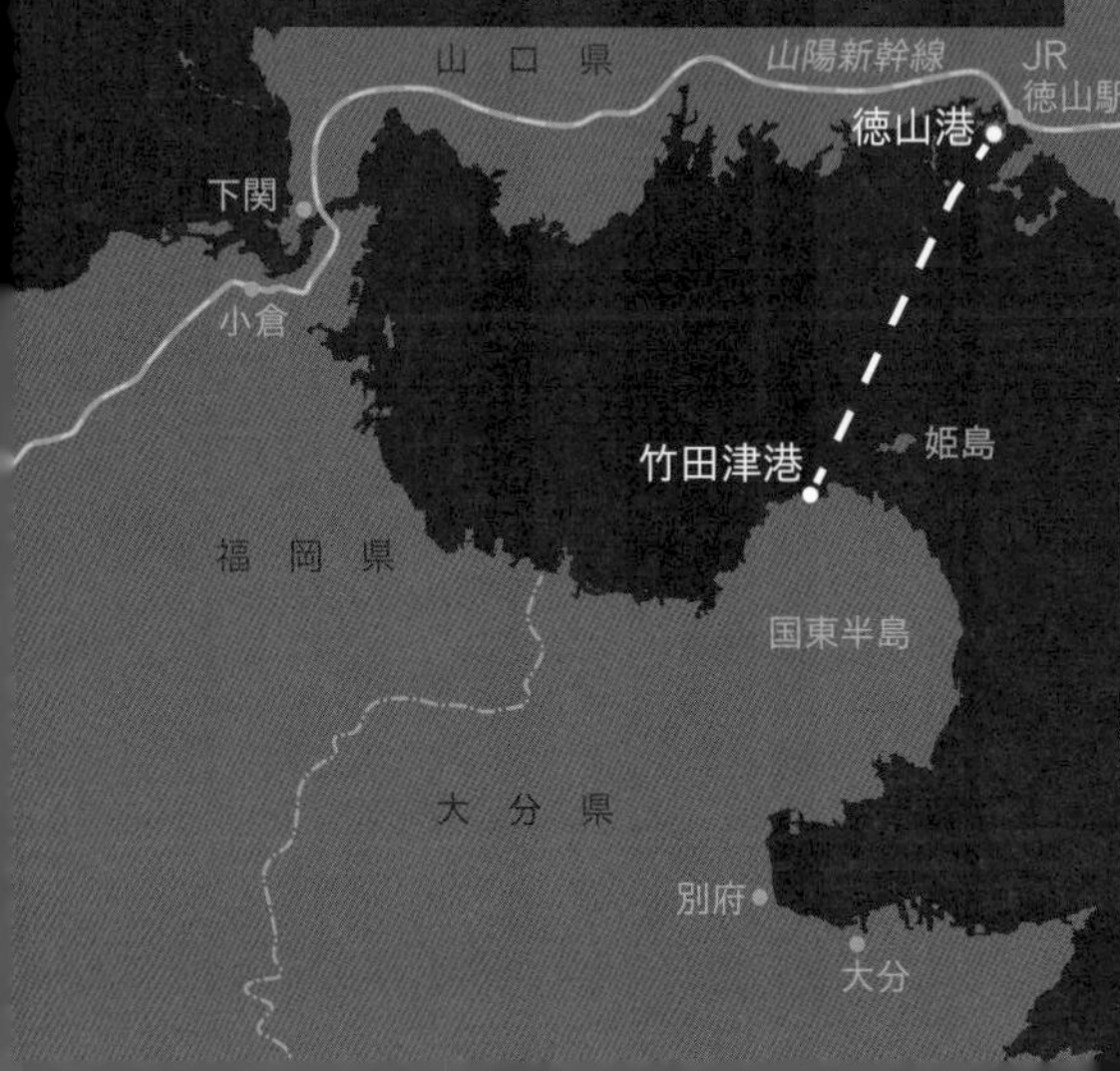

灯のともる徳山、真っ暗な国東半島

周防灘《すおうなだ》フェリーは、山口県周南《しゅうなん》市の徳山と大分県国東市竹田津を結ぶ航路で、終夜運航している（1日5往復）。中国地方と九州を結ぶ航路だが、何よりも国東半島の竹田津港に通じていることが目を惹く。

というのも、国東半島にある国東市竹田津集落は人口わずか500人ほど。徳山を抱える周南市は人口約14万人と大きいが、一方の竹田津は、国東市全体でも人口約3万人と小さい。こんなに小さな港を結んでいながら終夜運航という点が、何より興味深い。

2017年5月の金曜日、平日の仕事を終え、東京駅18時50分発の新幹線「のぞみ」に乗った。これが東京発としては徳山行の最終新幹線で、徳山駅には23時11分に着いた。

駅から徳山港までは歩いて3分ほどと近い。

新幹線のホームには灯《あかり》が煌々《こうこう》ともる。そんな徳山駅とは対照的に、徳山港のフェリーターミナルは、人影もなくひっそりとしている。蛍光灯が誰もいない待合所をぼんやりと照らす。ターミナル前の駐車場では、トラック数台がエンジンをかけたまま、出航の時間まで待機している。日付をまたいだ午前2時00分発の深夜便までは、まだまだ時間がある。

港付近をぶらぶら歩くと、工場群の夜景が広がっている。遠くからシューッと機械音が響き、建ち並んだ煙突からは白い煙がもくもくと吐き出されている。徳山を中心とする周南市の臨海部には、石油化学をはじめ鉄鋼、セメントなどの産業が集積し、全国有数のコンビナート群が形成されている。

人影のないフェリーターミナルの窓口で、片道2750円の切符を購入すると「(竹田津港に到着したら)迎えの車はありますか?」と尋ねられる。

「(2時発の便が)4時に着いても、竹田津には何もないから」と、ひとり旅の徒歩客に対して、気を遣ってくれる。「深夜便で竹田津に着くと、バスもタクシーもないし、港付近には本当に何もないから」と。深夜便はトラックの運搬が大半で、徒歩客はめったにいないというから、心配してくれたのだろう。

「竹田津港の事務所に、電話しとくから。(徒歩の)お客さんが朝まで待合所にいられるようにね」と、とても親切だ。

窓口で、本航路のことをあれこれ尋ねてみる。

「(民主党政権による「高速道路1000円」政策で)高速道路が安くなったために、その当時に経営が大変になりまして。(そのための合理化策として)2011年に2隻体制から1隻体制に減らし、従業員も少なくなったんですよ」という。つまり、現在は「ニューくにさき」(725トン)1隻だけのピストン運航。そのため、かつて9往復していた便数は、現在は5往復にまで減っている。

それでもまだ徳山2時発という、ややニーズが少なそうな深夜便が運航されているのはなぜだろう。トラック運搬のニーズはあるにせよ、1隻体制ゆえに実質「回送」のような便であっても運航せざるを得ないという側面もあるようだ。2隻体制であれば、利用客の少ない時間帯は港に船をしばらく係留しておけばいい。しかし1隻体制だとピストン輸送をしているために、一方の港で船を休ませると、もう一方の港では「船が一向にやって来ない」という利便性の低下を招いてしまう。

日付が変わった1時半ころ、徳山港の沖から、ゆっくりと船灯《せんとう》が近づいてくる。竹田津を23時40分に発った、徳山25時40分着の便だ。この船が今度は徳山2時00分発として折り返す。徳山港では、たったの20分しか係留しない。

この「ニューくにさき」は、全長67メートルと比較的小ぶり。闇に包まれた港に、音もなく滑り込んでくる。ぱらぱらと小雨が悲しげに降る。前方を照らす船灯が、穏やかな海面に反射して揺れる。船に設けられたマスト灯（船の高い所に設置される、船の向きを伝える灯）が、闇夜にぽつりと、物悲しそうに光を放つ。

バウバイザー（船首にあるドア）がパカっと上に開いて、ランプウェイ（車両を乗降させる橋）が岸壁に渡される。ほどなくして、車両甲板から5台ほどの大型トラックが次々と陸上に駆け上がっていく。まるで船が生き物のように大きく口を開け、口から体内のものを吐き出しているかのようだ。

徳山2時00分発の「ニューくにさき」に乗り込む。

徒歩客用のタラップ（乗降用階段）を渡って乗船したのは、自分のほかは1名だけ。大きなキャリーバッグを転がす20代と思《おぼ》しき旅行者風の人が乗り込んだ。あとは大型トラックが4台ほど。船の旅客定員が293名であることを考えると、旅行者にとっては「贅沢すぎる」船旅だ。


定刻通り、徳山を2時00分に出航。

船尾から後進する形で出航し、港内でくるりと船首を進行方向に向ける。徳山の街の灯がゆっくりゆっくり遠ざかる。街の中にいるとなかなか気づかないが、沖へ出ると都市は夜中でも煌々と灯がともされていることに気づく。

デッキから、夜の海を眺めていると、なかなかに海面が近いように感じる。吸い込まれそうな感覚。海面を近くに感じるのは、総トン数（船の大きさ）が725トンと、深夜航路の中では比較的小ぶりなためだろう。船が小さければ小さいほど、海面からデッキまでの距離は近くなる。さらに夜は遠近感を狂わせるため、手を伸ばせば海に届きそうな感覚を覚えてしまう。

真っ暗な海に、船の波しぶきが白く浮かんでは流れ、航跡となって後方へと流れていく。

船は周防灘の真っ暗な海を南西へと進む。

さすがに3時近くになると睡魔に耐え切れず、うつらうつら。

船室脇のデッキから、深夜の海を眺める（「ニューくにさき」）

船室フロアの上の階には、デッキのベンチ席が並んでいる

ガラガラの船室は、雑魚寝タイプのカーペット席でもイス席でも、どこでも寝放題だ。

しかし、航路は短い。1時間も眠らないうちに、船はもう竹田津に近づく。

眠い目をこすりつつデッキに立つと、徳山との違いを鮮明に感じる。国東半島は、ほとんど灯もなく、真っ暗。海沿いの道路の灯がぽつぽつと光っているくらい。到着する竹田津港であっても、わずかな灯しかない。

定刻通り、竹田津港に4時00分到着。

もう船を降ろされてしまう。

寝不足でぼうっと頭が重く、何もしたくない。

わずかな乗客とトラックを吐き出したあと、船は竹田津4時20分発として、またすぐに徳山へと折り返す。この折り返し便に乗り込んだ乗客とトラックも、わずかな数だった。

港から、出航する船を見送る。1隻体制でピストン輸送をする「ニューくにさき」は、本当に働きものだ。たった20分の係留を終えて、まだ真っ暗な海へと再び漕ぎ出していく。

フェリーターミナルの建物にはツバメがたくさんいて、ヒュンヒュンと低空でせわしく行き交う。ターミナルの待合所は、船が出たあとも灯をつけてくれている。もうひとりの徒歩客は、迎えの車を待つといって待合所のベンチにごろんと寝ころがる。

4時半を過ぎると、外は青みがかってくる。

待合所にいるのも退屈なので、5キロほど東にある伊美《いみ》港までのんびり歩く。

04:00に到着した竹田津港の待合所

姫島と国東半島（伊美港）を結ぶ「第一姫島丸」

国東半島の海沿いを通る国道213号線を歩くと、海沿いは護岸されているものの干潟《ひがた》が広がっている。鬱蒼《うっそう》とした木々に覆われた山側からは、鳥のさえずりやカエルの鳴き声、虫の音が重層的に響いてくる。

伊美港へ向かったのは、国東半島の北、約6キロ沖に浮かぶ姫島《ひめしま》行の航路があるため（所要時間20分）。6時20分発の船で姫島に渡り、13時発の船で伊美港に戻った。姫島に滞在したのはたったの6時間。レンタサイクルで東端の姫島灯台などをめぐり、風通しのいい木陰を見つけては昼寝。深夜航路では睡眠不足になるので、静かな島での昼寝が心地よい。

姫島から伊美港へ戻ったあとは、今度はバスに乗って、今朝がた到着した竹田津港に戻る。そうして14時20分発の徳山行の便に乗船する。深夜で見えなかった往路の景色を帰路で堪能し、徳山港には16時20分に到着。そして徳山駅から新幹線に乗り、その日のうちに東京へと戻った。

——このように、なんとも駆け足で旅を終えてしまったのは、じわじわと疲労が蓄積したため。この旅を振り返ると、金曜日の夕方までに急いで仕事を終え、そのまま東京駅へ直行して新幹線に駆け込んだ。そして日付をまたいだ時刻になって深夜航路に乗る。しかし、「ニューくにさき」には浴室やシャワーが備えられていない。身体を洗い流すことも、熟睡することもなく、土曜日の朝を迎え、旅をつづける。長い距離を歩いては、姫島で自転車に乗ったりと、なかなかに忙しい。菓子パンをかじる程度で、きちんと食事を摂ることも忘れてしまう。そうして、今回は「電池切れ」になってしまった。

そんな駆け足の旅だったこともあり、やはり未練が残る。

竹田津、国東半島に広がっている海と、もう少し触れ合いたかった、と。

旅を終えてから、国東半島の海が気になり、棲息している生き物をあれこれ調べていると、「カブトガニ」というワードが目に飛び込んできた。国東半島南部に位置する守江《もりえ》湾には、干潟が広がっており、「生きた化石」とも呼ばれるカブトガニが棲息しているという。

35年前のカブトガニ

カブトガニ――。

突然、35年も前の記憶がブワっとよみがえる。

小学生のころ、銀行員だった父の転勤で5年間ほど香港《ホンコン》（当時はまだ中国に返還される前の英国領）に暮らしていた。ある日曜日、親が少し遠出をしてランタオ島（香港島の西部に浮かぶ香港最大の島）のビーチに連れて行ってくれた。きれいな海で泳ごう、海に潜ろう、と。

ランタオ島は、今では香港国際空港や香港ディズニーランドがつくられるなど、大規模な開発がなされているが、1980年代前半の当時は「田舎の島」で、砂浜も美しかった。

そんなランタオ島の海岸で、露天で魚を売っているおばさんがいた。

浜辺に腰をかけて、足元の金《かな》ダライに魚が無造作に放り込まれていた。金ダライのひとつには、ギザギザのカニのような脚が見えた。なんだ、あの気持ちの悪い生き物は……と、親から離れてひとりで金ダライに近づいてみた。

ひと目でわかった。

それは、カブトガニが売られている光景だった。裏返しにして数匹のカブトガニが積まれている。まだ少し生きていたようで、剣のような尻尾（尾剣《びけん》）と脚が時おりヒクっと動く。

カブトガニの裏側は、ちょっとグロテスクだ。ギザギザした6対の脚が、毛むくじゃらの大きなクモのように、力強く太い。でも、陸上で硬い甲羅を裏返しにされてしまうと、もうジタバタと脚を動かすことしかできない。脚が太くて力強いだけに、生きようともがく姿が、切なく映る。

小学生ながら、子どもの図鑑を読んでか知っていた。カブトガニは、日本では数が少なくて貴重だと。当時はミリタリーのプラモデルづくりに熱中しており、カブトガニは戦車に似ているため、関心が高かったのだろう。硬くてくすんだ緑色の甲羅は、戦車の頭（砲塔）を想起させる。

そんな稀少なカブトガニが、香港では無造作に売られているという事実。食用の魚と同じく並べられていて、食べられるものだと知った衝撃。そしてカブトガニが裏返しにされて、やがて息絶えようとしている悲し気な姿――。

その光景は、子ども心に切なかった。

物悲しい気持ちは、人を黙らせる。

この光景は親にも誰にも一切話さず、子どもながら胸にしまっておいた。そうして、35年後の今になって、「あの日のカブトガニ」がフラッシュバックし、突然カブトガニへの興味がわいてきた。

かつての小学生も35年経ったら、今やド中年だ。

でも、大人はいい。何かと日々つらいことも多いが、興味を持ったことは、自分で勝手にどんどん調べられる。なんとか時間とお金をやりくりすれば、どこへだってひとりで出かけられる。

日本のカブトガニに会いに行こう。

いろいろ調べてみると、日本に棲息するカブトガニは絶滅危惧種に指定されており、減少傾向にある。その主な原因は、棲息できる環境が激減してしまったことにある。カブトガニは、干潟の泥の溜まった海底に棲息する。

かつては、瀬戸内海や九州北部の沿岸には広く棲息していたものの、干潟の埋め立てや護岸工事などの開発によって、今でも棲息が確認されている海岸は、わずかになっている（全国で10か所ほど）。実際、国東半島守江湾でのカブトガニ棲息を地元の海洋公園に電話して尋ねてみても、「最近はほとんど見ない」「死骸でさえも見なくなった」といわれた。

普段カブトガニは、海底に棲息しているため、なかなか出会えるチャンスは少ない。人目に触れやすい機会は、産卵時期しかない。毎年6月から8月の大潮の満潮時に、カブトガニはつがいで浜にやって来て産卵する。

２０１７年の7月。大潮の日に合わせて、平日の休暇を取った。

再び国東半島を訪れて、レンタカーで海沿いを走る。

かつてカブトガニの産卵が多く見られた守江湾へ向かう。午前中の満潮時刻に合わせて、あちらこちらをチェックしてみたが、カブトガニの気配はない。とくに産卵記録の多かった川の河口付近を重点的に探してみるが、やはり見つからない。そうして、満潮時刻が過ぎ去ってしまう。それにしても、国東半島の海沿いを通る国道２１３号線は、どこもしっかり護岸されてしまっており、自然のままの浜辺は本当に少ない。

事前のリサーチによって、国東半島での観察は難しいかもしれないが、国東半島の守江湾から直線距離で北西に80キロほど離れた曽根《そね》干潟（福岡県北九州市）では、カブトガニの産卵が比較的観察しやすいと知った。

国東半島での観察をあきらめ、車で福岡県に入り、曽根干潟へ向かう。曽根干潟には「カブトガニ自慢館」という小さな博物館がある。定置網にかかったカブトガニが水槽に入れられており、気軽にカブトガニを観察できる。ここで「日本カブトガニを守る会」の高橋俊吾さんに出会い、曽根干潟のどこで産卵が見られるかを詳しく教えていただいた。

その情報をもとにして、翌日、曽根干潟の海岸を午前中に観察していると、なんとか１つがいのカブトガニを発見。大きいメスが下になり、その上に小さなオスが重なっている。メスの甲羅

国東半島の海岸に残る干潟（豊後高田市）

は30～40センチほどで、なんだか大小のフライパンが重なり合っているように見える。

それにしても、交尾しているのはコンクリートの護岸の先にある、本当に狭い砂地だ。カブトガニはコンクリートの護岸で岸に近づくことを阻まれながら、わずかに砂が溜まった場所を選んでいる。

そう、カブトガニが産卵するには砂浜が必要だ。海底の砂に潜るようにして卵を産みつける。最も潮位が高くなる大潮の時期に砂浜へやって来ては、卵を守るために、できるだけ岸に近づいて産卵する。

コンクリートの護岸は高さがあるので、砂地には下りられず、護岸上から真下を覗《のぞ》くような形で観察する。

カブトガニの甲羅をばしゃばしゃと強めの波が洗っている。

それでも、つがいはがっちりとつながっている。

さらに周辺を観察すると、（小ぶりなので）オスであろうカブトガニが、メスと出会えないのか単独で砂地にいた。生きてはいるものの、弱っているようで、波に翻弄され、Tシャツや発泡スチロールといった浜辺に打ち上げられたゴミに埋もれそうになっている。浜にはカブトガニの死骸もあった。2時間ほど観察して出会えたのは、わずかにこれだけ。

先に出会えたつがいは、2時間たってもまだしっかりと重なったままだった。

カブトガニの産卵。大きいメスが下になり、小さいオスが上になる（曽根干潟）

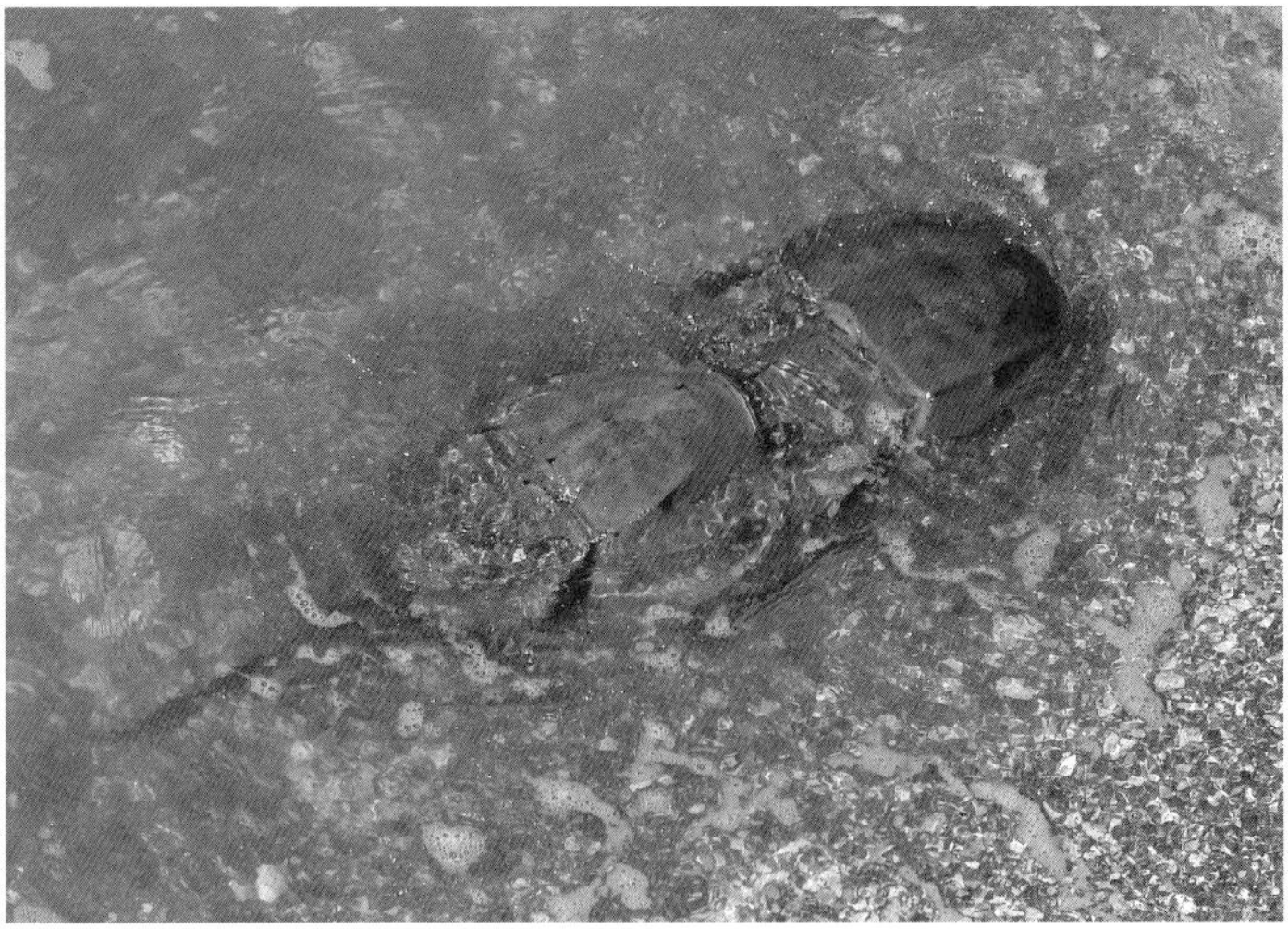

護岸された曽根干潟。左端の砂浜は環境保全のためにつくられた人工砂浜

「カブトガニ自慢館」を再び訪ねて、高橋さんに訊《き》くと、2017年は前年に比べると産卵数が少ないという。「日中よりも、大潮の夜のほうが産卵を多く見られるかもしれませんが……」と、産卵数の少なさにちょっと残念な様子。

2016年の夏には、「曽根干潟にカブトガニ400～500匹の死骸が流れ着く」という新聞記事があった。例年にないカブトガニの大量死の原因としては、猛暑による海水温の上昇、（近年急増している）エイに襲われた可能性などが挙げられていたが、はっきりした原因はわかっていない。2017年の産卵数が減っているのは、前年の大量死が響いているのかもしれない。あるいは極めて楽観的に考えると、産卵数には毎年増減の波があるため、周期的なことなのかもしれない。

それでも、曽根干潟でカブトガニが生きにくくなっていることは、間違いないだろう。広大な干潟には、コンクリートで護岸されていないところはほとんどない。護岸されるということは、砂浜がなくなることを意味する。今でも産卵できる砂浜は、護岸されつつもかろうじて砂地が残っている場所か、（環境保全のために）砂が投入されて、人工的につくられた小さな砂浜（20メートルほどの広さ）だけだ。

また、曽根干潟から東の沖合に目を向ければ大規模な人工島がある。2006年に開港した北九州空港だ。曽根干潟の沖合にフタをするような格好で空港がつくられているため、海の生き物に何も影響がないとは到底考えられないだろう。

曽根干潟の「カブトガニ自慢館」をあとにして、あれこれと考えてしまう。なぜだろう。

日本ではカブトガニを食べるわけでもないのに、もしカブトガニが日本からいなくなってしまったら、とてつもなく悲しいことに思える。

その理由をいろいろと考えてみたが、結局はカブトガニのシンプルなフォルムに起因しているのではないかと思う。ずんぐりした硬い甲羅と剣のような尻尾だけに見える、ごくごく単純な形状。こんなにシンプルで（一見）動きの鈍そうな生き物が、数億年前という古生代《こせいだい》からほとんど形を変えずに生き残っているという神秘。

きっと誰しも、長い長い「歴史」を感じさせる、カブトガニのシンプルなフォルムに魅せられてしまうのではないか。それは、神社や森などで大木を眺めることと似ているのかもしれない。大木を眺めていると、積み重ねられた時間の重みに敬虔《けいけん》な気持ちを抱く。カブトガニの寿命は25年ほどと推測されているが、古生代からずっと変わらない姿（代々積み重ねられた時間）に思わず感化されてしまう。

都会や住んでいる街に新しいビルがどんどん建つと、一抹の不安や淋しさを覚えてしまうように、やはり人は合理性や利便性一辺倒では満足は得られない。それは、目に見える景観が失われるだけではなく、時間とともに積み重ねられてきた記憶といった何か大切なものが失われてしまう哀しみがあるからだ。

人は「ずっと変わらないもの」に畏怖の念や親しみ、安らぎを覚える。

カブトガニが生き残ってくれる意義は、生物多様性という難しい言葉を用いなくても、きっとそこにある。

10

臼杵→八幡浜

大分県臼杵市

愛媛県八幡浜市

四国・九州を結ぶ深夜の大動脈

臼杵↓八幡浜

大分県臼杵《うすき》と愛媛県八《や》幡浜《わたはま》、67キロの距離を2時間20分で結ぶ。宇和島運輸と九四《きゅうし》オレンジフェリーの2社が同航路で24時間運航を行っている。本項で紹介するのは、宇和島運輸による臼杵発の深夜便。本航路は、九州と四国、ひいては（橋でつながっている）本州を結ぶトラック物流の重要ルートとなっている。

00:55	発
03:15	着

宇和島運輸

写真は臼杵港で00:55の出航（八幡浜行）を待つ「さくら」（2334トン、全長114.3メートル、旅客定員485名）。個室タイプの特等室と1等室、雑魚寝タイプの2等室（カーペット席）に等級が分かれる。2017年12月には新フェリー「あけぼの丸」（2694トン、全長121.4メートル、旅客定員546名）が就航し、現在は「さくら」に代わって運航している。

眠らない航路の眠れない夜

九州と四国を結ぶ大動脈だ。

大分県の臼杵と愛媛県の八幡浜を結ぶ本航路は、深夜帯に限っても便数が多い。ここで紹介する宇和島運輸のほかにも四国開発フェリー（九四オレンジフェリー）が同航路を運航している。しかも、臼杵でも八幡浜でも両社が同じフェリーターミナルを使用しているので、利用者はターミナルに着く時刻に合わせて、2社から都合のいい便を選べばいい。

両社の深夜便（0時以降発）を見てみよう。

臼杵では0時55分発、2時40分発の八幡浜行がある（いずれも宇和島運輸）。逆航路の八幡浜では1時15分発、2時50分発の臼杵行がある（いずれも九四オレンジフェリー）。

さらには類似した航路ではあるが、大分県の別府と八幡浜を結ぶ航路も運航されており（宇和島運輸）、八幡浜0時20分発別府行の深夜便がある。本書では、八幡浜～別府航路は悩ましくも別々の航路扱いとはせず、臼杵～八幡浜航路の中で扱うこととしたい。

冒頭で九州と四国を結ぶ大動脈と述べたが、本航路を利用するトラックにとっては、九州と本州を結ぶルートにもなっている。というのも、今や四国は松山自動車道、徳島自動車道など高速道路がきっちり整備され、そこから瀬戸大橋や明石《あかし》海峡大橋を伝っていけば、岡山や神戸、大阪など本州の大都市へスムーズに行くことができる。

臼杵港のフェリーターミナルで、0時55分発八幡浜行（宇和島運輸）を待つ。

フェリーターミナル内では、宇和島運輸と九四オレンジフェリーの窓口が並んでおり、先に23時55分発八幡浜行（九四オレンジフェリー）の出航を見送る。この日は2017年5月のゴールデンウィーク中ということもあって、深夜にもかかわらず家族を乗せた自家用車の利用が多い。

そして、0時55分発の深夜便に乗り込む。

徒歩客は3名と少ないが、乗用車15台、トラック10台ほどが、八幡浜行の「さくら」に乗り込んだ。「さくら」（2334トン）は、全長114・3メートル、旅客定員485名という、まずまずの大型船。

連休中で多少賑わっているとはいえ、深夜便ゆえに混んではいない。船室に入れば雑魚寝タイプのカーペット席は悠々《ゆうゆう》空いている。臼杵港を出航すると、すぐに午前1時を回る。乗用車の家族連れは、子どもを案じて早々眠りにつく。それにつられるように自身もすぐに眠ってしまう。

船は大分の佐賀関《さがのせき》半島と愛媛の佐田岬《さだみさき》半島の沖を沿うように航行し、豊後《ぶんご》水道《すいどう》（大分県と愛媛県にはさまれた海域）を横切る形で八幡浜へ向かう。

突然の船内アナウンスで目が覚める。

「まもなく本船は八幡浜港へ入港いたします」

まだ午前3時。アナウンスが何かの拷問のように思えてくる。

船室の脇にある広々としたデッキ(「さくら」)

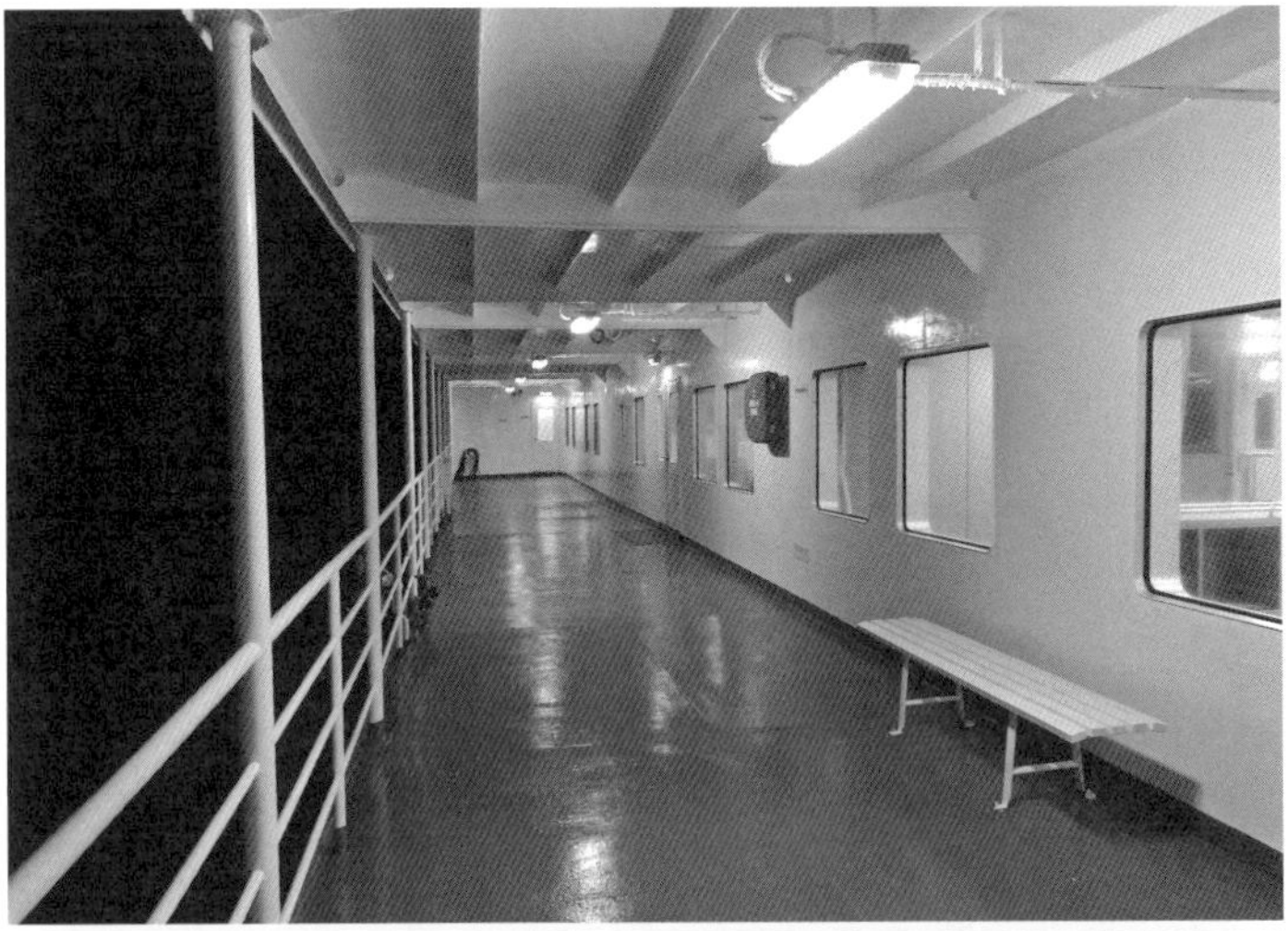

03:15八幡浜港到着。フェリーターミナル待合所には煌々と灯がともる

2時間20分という短い航行を終え、3時15分に八幡浜港到着。

車両甲板から3名の徒歩客が降り、車やトラックは次の目的地へ向けて旅立っていく。しかし徒歩客にとっては、午前3時過ぎの到着というのは、どうしようもない時間帯。深い眠りから起こされて、身体がだるい。頭も重い。

煌々《こうこう》と灯《あかり》がともる広い待合所に入ると、駅によくある樹脂（プラスチック）製のイスが映画館のようにずらりと並んでいる。その数、１００席近く。先の便で到着したのか、早朝の便を待っているのか、すでに10人くらいがベンチで眠っている。若いバイク旅行者もいれば、旅行者ではなさそうなおじさんもいる。つらいのは、多くのイスにはひじ掛けが付いているため、ごろんと横になれない。座った状態で眠っては大きなあくびをしたりと、待合所には気だるい雰囲気が漂っている。

でも、24時間待合所を開放してくれているだけでもありがたい。

さっそくベンチに座ってうつらうつら。

浅い眠りから覚めて、4時半ころに待合所の外に出ると、夜が明けてくる。やがて曙光《しょこう》とともに静謐《せいひつ》な朝が訪れる。

しかし、さすがはゴールデンウィーク。ぞくぞくと家族連れの乗客が待合所になだれ込んでくる。5時50分発臼杵行の乗客だ。外の静けさとは対照的に、切符売場の窓口は早朝とは思えない熱気を帯びる。

深夜航路から小さな航路へ――八幡浜大島

フェリーターミナルの周辺は、広い芝生の公園があって気持ちがいい。まだ開店前ではあるが、食堂や市場が併設された「道の駅」もある。北側の山手には、段々畑のみかん山が広がっており、茶畑のように緑が映えて美しい。

そんな八幡浜港には、小さな船の発着所がある。大島《おおしま》（八幡浜大島）へ渡る離島航路だ。１日３往復運航しており、第１便は６時50分発と早いので、大島へ渡ることにした。

八幡浜港から南西に12キロ、たった20分で大島に到着。

島でレンタサイクルを借りて、島を散策する。

八幡浜大島で興味深いのは、小さな島が数珠のようにつながっていること。八幡浜大島というのは総称で、大小５つの島（北から粟ノ《あわの》小《こ》島《じま》、大島《おおしま》、三王島《さんのうじま》、地大島《じのおおしま》、貝付小《かいつきこ》島《じま》）からなり、粟ノ小島を除けば４つの島はつながっている。大島と三王島、地大島には軽トラックがなんとか通れる程度の小さな橋が架かっている。自転車で橋を渡ると、橋の両サイドはすぐに海。海面が近いので橋を渡ること自体も愉しい。さらには、地大島の東端と貝付小島は干潮時には砂洲（トンボロ）が現れて、つながる。そのため歩いて島に渡ることができる。

八幡浜大島の４つの島は、こうして気軽にアイランドホッピング（複数の島めぐり）ができる。ひょいひょいと、島から島へ。

八幡浜大島を結ぶ航路（八幡浜港）。後方にはみかんの段々畑が広がる

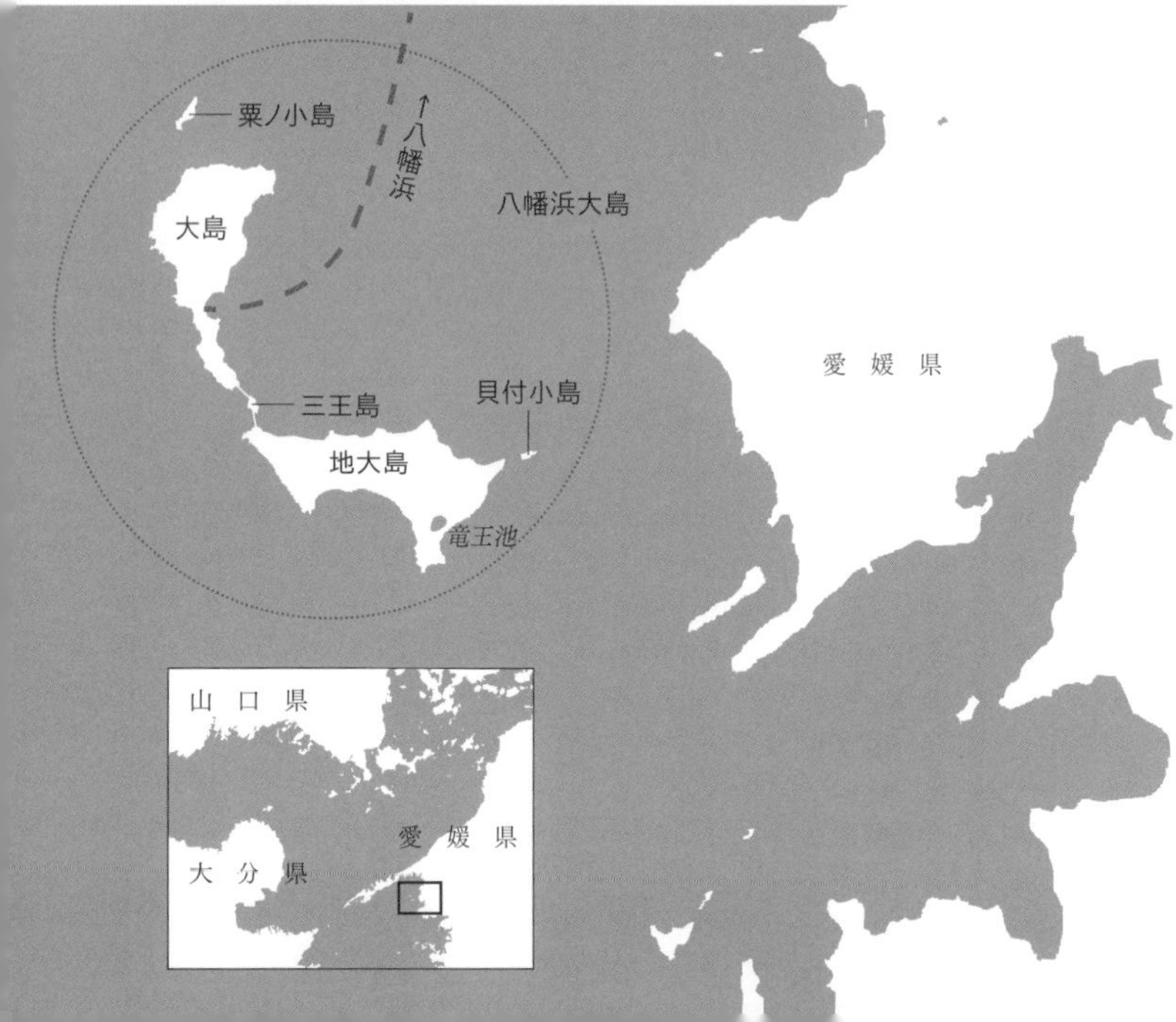

大島（後方）と三王島（手前）を結ぶ橋

三王島（後方）と地大島（手前）を結ぶ橋

多くの離島と同じく、八幡浜大島も少子高齢化という課題を抱えている。島にあった小中学校は２００９年に廃校しており、島に子どもがいなくなっている現状が窺《うかが》える。ある統計情報では、２０１６年時点での人口は２３４名（65歳以上は約71パーセント）で、10年後の島民総数の予測は約１４０名と記されていた（「ようこそ！『いやしの楽園』八幡浜大島へ！」参照）。

変化は人だけではない。少し時間を遡《さかのぼ》ってみると、かつて島で見られたニホンカワウソがいなくなってしまっている。最近では「（長崎県の）対馬《つしま》でニホンカワウソ発見か」という衝撃的なニュースが流れたが、愛媛県と高知県は最後までニホンカワウソが棲息していたエリアだ（最後の目撃記録は１９７９年の高知県）。

ここ八幡浜大島でも、かつてはニホンカワウソがよく見られた。ニホンカワウソは頭が平らで、後ろ足で立って周囲をきょろきょろ見渡す習性があるために、河童（エンコ）のモデルといわれる（中国・四国地方では河童のことを「エンコ」と呼ぶことが多い）。

ニホンカワウソに化かされたという伝承は各地に残っているが、『民族の知恵――愛媛八幡浜民族誌』（大本敬久著）を読むと、八幡浜市にもニホンカワウソにまつわる伝承がたくさんあることがわかる。とくに大本氏のブログ「調査ノート」には、ここ大島で行った聞き書きが仔細《しさい》に記されている。大島のニホンカワウソに関する内容を抜粋してみると、次のようなものがある（「調査ノート　八幡浜市大島」『愛媛の伝承文化』）。

貝付小島（後方）は干潮時に地大島（手前）と砂洲でつながるため、歩いて渡れる

ニホンカワウソが棲息しているといわれた、地大島にある竜王池（手前は竜王神社）

「漁師が沖で漁をしていると、かわうそがこっちこい、こっちこいと手招きするので、行って見ると、船が陸に上がっていた」

「島の人がかわうそを捕獲して家に連れてかえると、捕獲されたかわうその親が、毎晩、かえせ、かえせと言いに来た」

「夜2時ごろ、海岸をあるいていると、海岸にはちまきをして、子守をしている女性がいた。『お前はかわうそじゃろうが』と叫ぶと、消えてしまったという」


さらに「調査ノート」（同前）には、大島のニホンカワウソは、昭和20年代までは人家の近くに棲息しており、身近な動物だったと記されている。また、昭和40（1965）年に大島で捕獲されたのが最後の記録とある。

それにしても不思議だ。

どうして、ニホンカワウソに化かされた話を昔の人はこうもたくさんつくったのだろう。

娯楽が少なかったからなのか。

夜遅い時間にむやみに海に近づくなといった教訓を伝えたかったからなのか。

もともとは、キツネやタヌキに化かされた話と同様に、日本では古来、自然の生き物に対して、人間以上の力があるとして敬っていたからこそ、物語はつくられてきたのだろう。

万物と交感する、いにしえの日々の暮らし——。

でも、いちばんの理由は、ニホンカワウソに対する近しい気持ちにあったのではないか。海で魚をつかまえるのが下手なカワウソ、大食漢で養殖のいけすの魚を貪《むさぼ》り食う姿、静かな闇夜に人を驚かすカワウソ（岩場から突然水に飛び込んでドボンと音を立てる）、きょろきょろと周囲を見回して落ち着きなく動き回る姿……。そんなニホンカワウソは、少しデキの悪い子どものように映ったのではないか。魚の被害を受けることもあったにせよ、ニホンカワウソに対して奔放な子どもを遠くから見守るような気持ちがあったのではないか。

もっというと、カワウソに驚かされた自分自身を笑うゆとりもあったのではないか。

「対馬でニホンカワウソ発見か」というニュースが流れた際、明るい話題としてSNS上でどんどん拡散していった。現状では「ユーラシアカワウソの可能性が高い」といわれているが、これほどまでに全国の関心を集めたことを考えると、もしかすると今日においてもニホンカワウソに対する近しい気持ちは、日本人に脈々と受け継がれているのかもしれない。

そんなカワウソのことを考えつつ、のどかな島の空の下、目がとろとろしてくる。深夜航路でほとんど眠れなかったせいだ。今朝7時過ぎに大島に到着したばかりだが、名残惜しくも13時30分発の船で八幡浜港へと戻る。

八幡浜港のフェリーターミナル前にビジネスホテルが建っているのを覚えていた。14時過ぎ、もう睡魔に耐えられず、直接受付に出向いて訊《き》いてみる。空き室の有無、しかも今から使わせてもらえないかと。夜は八幡浜から別府に向かう予定なので、部屋を使用するのは今夜23時半ころまで。なんとも変則的なリクエストにもかかわらず、快く応じてくれた。さっそくシャワーを浴びてベッドの白いシーツに寝ころがると、あっという間に眠りに落ちる。

もうひとつの深夜航路――八幡浜0時20分発別府行

日付が変わる前に宿をチェックアウトし、再びフェリーターミナルへ。

今夜は類似した深夜航路、八幡浜0時20分発別府行（宇和島運輸）に乗ってみたい。

八幡浜と臼杵を結ぶ航路と似通ってはいるが、別府までの航行距離は89キロなので臼杵の航路よりも22キロ長い。別府到着は3時10分と、所要時間も30分余計にかかる。先に乗った臼杵～八幡浜間の運賃は片道２３１０円だったが、今度の八幡浜～別府間は距離が長くなるので片道２７９０円と少しだけアップする。

八幡浜から別府に向かう船は「えひめ」（２４８６トン）。臼杵から八幡浜まで乗った「さくら」より、ほんの少し大きい（全長１１７メートル、旅客定員６１０名）。乗船した徒歩客は10名足らずと少なかったが、徒歩客用のタラップ（乗降用階段）が用意されており、そこから乗船する。おそらく観光地の別府を結んでいるため、深夜便であっても徒歩客ニーズを意識してくれている

八幡浜港で00:20の出航を待つ別府行「えひめ」

深夜便ながら、ぱらぱらと乗客で埋まっていくカーペット席（「えひめ」）

のだろう。実際、別府での下船時もタラップが用意されていた(臼杵~八幡浜の深夜便では、両港ともに車両甲板からの乗下船)。

八幡浜を0時20分に出航。

「えひめ」は後進して港を離れ、少し沖合に出てから、くるりと船首を進行方向に向ける。八幡浜港は、長い佐田岬半島の付け根に位置し、湾になった天然の良港。物流拠点として、まさに24時間眠らない四国の西の玄関口だ。0時半ころ、右舷で反航するフェリーとすれ違う。こんな時間に何の船かと調べると、臼杵を22時20分に発った、八幡浜24時40分着の便だ。

5月の連休ということもあり、徒歩客は少ないものの乗用車の客は比較的多く、ぱらぱらとカーペット席が埋まっている。といっても、深夜便だけあって眠るスペースは悠々と確保できる。船内では飲料やスナック菓子を販売している売店も営業している。

乗客の多くは行楽客のため、外のデッキでは夜の海を長らく眺める乗客がちらほら。深夜航路の旅では、深夜に外のデッキで長居する人にほとんど出会わないため、うれしくなる。女子大学生らしき旅行者のグループは、ずっとデッキで真夜中の風を浴びている。はしゃいで写真を撮り合ったかと思うと、流れる夜の景色を眺めながら、ふと淋し気な横顔を見せたりもする。彼女らと言葉は交わさないけれども、深夜の魅力を確認し合うような連帯感を覚えてしまう。妄想に過ぎないのかもしれないが、感覚を同じくする同士なのだ、と。

そんなことを考えていると、『夜の哲学』の一節を思い出す。フランス文学者である酒井健《たけし》の『夜の哲学』。そこに収められている「あとがき」には、著者自身の「習性」が次のように描かれている。

この一〇年、私は夜ごと散歩に出るのを常としている。拙宅を出てから夜の真っ暗闇の神社に入り、寝静まった住宅街を通って、横断歩道橋を渡り、人影のまばらな繁華街に出て、終電の着いたころの駅舎の階段を上り下りし、歩道橋をまた渡って、大木に覆われた漆黒の境内へもどる。するとそこにときおり白い服を着た老婆が立っていたりする。こちらが驚くまえに「すいません」と謝ってくるので親密の情を覚える。（中略）

夜にさまよい出る習性も、これでもかという人間の自己主張の表情が街から消えて、別の、不確かで奥のある表情が現れ出るのに憑かれてのことなのだろう。

（「あとがき」『夜の哲学――バタイユから生の深淵へ』）

深夜航路の魅力も、まさにこの表現に凝縮されているように思える。

真夜中の船内は、人影まばら。それでもわずかな乗客とは出会う。名も知らなければ、言葉も交わさない。でも、深夜航路ですれ違う人々に親密の情を覚えるのは、きっと「不確かで奥のある表情が現れ出る」からだ。どこか無防備で、繕《つくろ》うことを脱ぎ捨てた表情。そこに親密の情、いわくいいがたいいとおしさを感じるのかもしれない。

そう、深夜航路のひとり旅では、日中の旅と違って出会いや会話というものは、ほとんどない。それでも、深夜航路の旅をはじめた当初は、旅を充実させるために、たまにすれ違った人には夜であっても声をかけるべきかと考えたが、すぐにやめた。そもそも夜は眠いので他者に話しかける気力がわかない。たとえ話しかけたとしても、迷惑に思う人も多いだろう。しかも声をかけることが、どこか空々しく思えた。無理に話しかける必要なんてない。夜は表情に現れ出るものを互いに感じ合うだけで充分だ。


佐田岬半島は、西へ40キロほど細長く延びている。地図で見ると、もう少しで九州にくっつきそうに映る。その佐田岬に沿って船は航行する。半島の稜線《りょうせん》には風力発電の風車が建ち並び、ちかちかと一定のリズムで灯を点滅させている。

午前1時半ころにカーペット席でごろんと横になると、すぐに眠ってしまう。

でも、それも束の間。3時前に無情にも船内アナウンスで起こされる。3時10分、別府港に到着。徒歩客用のタラップで船を降り、フェリーターミナルの待合所へ。がらんと広い室内に煌々と灯がともされて、八幡浜と同じく24時間開放されている。幸いなことに、ここのベンチにはひじ掛けがない。もうすでに、5、6人がベンチに横になって眠っている。今到着した徒歩客の幾人かも、夜を明かすために待合所で眠りはじめる。

03:10別府港に到着。徒歩客はタラップ（乗降用階段）から下船する

別府港に係留中の「えひめ」。フェリー後方の高崎山がファンネル（船の煙突）のように映る

フェリーターミナルの外はまだ真っ暗。

今回は到着時刻に船を降ろされたが、ゴールデンウィークやお盆の時期でなければ、5時まで船内で休めるようになっている。船内の広々としたカーペット席が恋しいが、繁忙期はたくさんの人と車両を捌《さば》かなければならないため、やむをえないのだろう。

朝4時になると、もう窓口が開いて別府5時35分発八幡浜行の手続きがはじまる。早朝にもかかわらず、次々と窓口に人が並ぶ。5時前になると空が白みはじめ、ようやく別府の街並みが見えてくる。あちらこちらから、しゅわしゅわと白い湯けむりが立ちのぼっている。街の背後には別府を象徴する高崎山《たかさきやま》が、どんと聳《そび》えている。

ちょっとおもしろいのは、釣鐘のような形をした高崎山が、係留されているフェリー「えひめ」のファンネル（煙突）の形状とそっくりに映ること。港から少し離れて眺めると、高崎山とファンネルが仲良く並んでいる。

5月の連休、飛行機の予約は難しいので、早々あきらめていた。ＪＲ別府駅に出て、特急に乗る。小倉駅からは新幹線の自由席をなんとか確保して東京まで戻る。鉄路だと行程はおよそ6時間半にもなる。でもその道中、ただただ心地よく眠りつづけた。

II

宿毛↓佐伯

高知県宿毛市

大分県佐伯市

孤愁ナンバー1の深夜航路

宿毛↓佐伯

高知県宿毛《すくも》と大分県佐伯《さいき》、78キロの距離を3時間10分で結ぶ。かつての宿毛観光汽船は需要の低迷により2004年1月に破産・運航停止。同年12月、（現在の）宿毛フェリーが設立され、運航が再開された。大都市間を結ぶ航路とは異なり、夜の静かな情景を満喫できる深夜航路として貴重な存在。

00:30 発

03:40 着

宿毛フェリー

写真は宿毛港で00:30の出航（佐伯行）を待つ「ニューあしずり」（999トン、全長73.6メートル、旅客定員183名）。車両甲板の上層に2階層の船室がある。上の階は団体で個室として使えるファミリー室、下の階は雑魚寝タイプのカーペット席になっている。1985年に就航した船で、30年以上の運航を経た円熟味のある船旅が愉しめる。

深夜航路という孤愁

「夜の海に吸い込まれないでよ」

と、船に乗り込む際に車両甲板の船員さんに声をかけられる。

２０１７年7月8日、土曜日の夜。

やっと高知県宿毛港のフェリー待合所に着いた。

この日を振り返ると、東京駅13時30分発の新幹線に乗って旅をスタート。岡山駅から高知駅へ向かう特急、さらには高知県中村駅へ向かう特急に乗り継いだ。中村駅からは、土佐くろしお鉄道に乗り、22時15分に宿毛駅到着。宿毛駅から宿毛港までは約2キロ歩き、港に到着したのは23時ころ。かれこれ10時間近くも移動に費やした。

いつも仕事に追われて直前まで旅程を決められないため、「明日出発しよう」と思った際は、たいてい航空運賃は割引が少なく高い。なので、たとえ遠距離であっても、ついつい新幹線をはじめとする鉄道移動が多くなる。

さて。もうすぐ日付が変わる。

待合所は、小さなプレハブ。

切符売り場で、片道運賃2630円(2等)を支払う。

真夜中の宿毛港は、情緒にあふれている。

しんと、あたりは静まり返っていて、月が穏やかな海面を照らす。時おりぴちゃっと魚が跳ね、入り江の森からカエルの鳴き声と虫の音が響いてくる。深夜航路が発着する港の中では、いちばん味わい深い港のように感じ入る。

通常フェリーが発着する港は、港湾作業のために立ち入りが制限されているケースが多いが、宿毛港はどこも自由。岸壁をうろちょろ歩き回り、桟橋《さんばし》の先端まで歩いて船が到着する姿を待つ。

真っ暗な沖合から、一隻の船が音もなく、そっと近づいてくる。

2つの船灯《せんとう》が前方を照らし、高らかに掲げられた後方のマスト灯がぽつんと悲しげに闇夜に浮かんでいる。佐伯を20時50分に発ち、宿毛へ24時00分に到着する船「ニューあしずり」(999トン)だ。この船が30分後に、宿毛0時30分発の便として折り返す。

港近くの地形は入り組んでおり、船はゆるやかに船体をくねらせて入港するため、生き物のように感じられる。前方を照らす2つの船灯は、2つの眼のよう。

ちょうど日付が変わる時刻に、「ニューあしずり」はゆっくりと岸壁に接岸する。

バウバイザー(船首にあるドア)が口を大きくあけるように開いて、ランプウェイ(車両を乗降させる橋)が岸壁に渡される。車両甲板から徒歩客が3名降りてきた。そして、宮崎ナンバーなどのトラックと乗用車、計6台ほどが船から吐き出され、寝静まった街にエンジン音を響かせて、

真夜中のフェリー待合所（宿毛港）

乗用車もトラックもない車両甲板（「ニューあしずり」）

次の目的地に向けて走り去っていく。

係員に誘導されて、船首の車両甲板から乗り込む。

その際、冒頭で記した言葉を船員さんにいわれた。

「夜の海に吸い込まれないでよ」と。

ちょっと真意を測りかねて、間が開いてしまう。

「貸し切りだよ。今夜の船は。お客さんはひとりだけだから」

と、船員さんは笑顔でいう。

「え？」と驚いて訊《き》くと、この便では徒歩客が自分ひとりというだけでなく、トラックも乗用車も乗らないという。たしかに先の切符売り場では「深夜便の利用は主にトラック。でも、日曜日の便はトラックが少ないんですよね」と係員さんが話してくれていた。乗船時には日付が変わっているので、今は日曜日。でも、まさかトラックも乗用車もゼロとは。

結局、徒歩客・ドライバー合わせて、乗客は自分ひとりだけの旅となる。

ほかに乗客がいないので、当然車両甲板はガランと何もなく、まるで陸上競技のトラックのよう。色褪《あ》せた緑色の甲板に車両を停める白線が、レーンのようにまっすぐ延びている。車両甲板から船室に上がり、誰もいないカーペット席に荷物をちょこんと置く。

「ニューあしずり」は全長73・6メートル、旅客定員183名。ひとりの空間としては贅沢す

誰もいない2等船室のカーペット席

貸毛布は100円を入れて、コインロッカーのように取り出す

ぎるスペース。船会社には申し訳なく声高《こわだか》にはいえないが、旅行者にとって空いている乗り物ほど愉しいものはない。空いているからこその高揚感が込み上げて、ひとりで船内・デッキをうろちょろと歩き回る。「喫煙室はここですね」「ほう、洗面所はこうなってますか」と自分の中でひとり「対話」する。船は30年以上も前に就航したもの。随所に漂うレトロさが、積み重ねてきた航行時間の重みを感じさせてくれる。

0時30分、宿毛を定刻に出航。

船がゆっくりと岸壁を離れるのを眺めていると、早々とフェリー待合所の窓明かりがパっと消える。この船が目的地の佐伯に着いてから宿毛に戻ってくるのは、朝の7時20分。それまで、宿毛のフェリー発着所はしばし眠りにつく。

遠ざかる宿毛の街の灯。宿毛は街も港も灯がまばらで、しっとりとした夜がある。月明かりが街をほのかに照らし、山々は影絵のように夜空に浮かび上がる。静寂の宿毛湾に船のエンジン音だけが響きわたる。

船室に戻ると、貸毛布はロール状に巻かれて透明なボックスに収められ、コインロッカーのようにたくさん壁に並んでいる。利用者が自由に取り出して100円を（自主的に）箱に入れる仕組み。カーペット席で毛布を敷いて、ごろんと横になる。誰もいないので少し落ち着かなくなっては、自販機でカップ麺を購入してすすり、喫煙室で一服したりする。

本船の乗客は自分ひとり。

先に柳井《やない》発松山行の航路の項で紹介した、絵本『幸せのきっぷ』の話を今再び思い出す。主人公の少年が、かつて母に教えてもらった言葉を再度引いてみたい。

「だれもいない列車に乗る幸運に出会ったら、奇跡が起こるのよ」

この言葉は、きっと本航路に最も当てはまる。

誰もいない船に乗る幸運に出会ったら、奇跡が起こる——と。

そんな妄想が膨らんでしまうのも、乗客ひとりだけの船だからだろう。どこか銀河鉄道のように日常ではない世界を彷徨《さまよ》っているような感覚になる。


そんな高揚感に包まれつつも、現実的には本航路の経営状況は厳しい。

本航路の前身であった宿毛観光汽船は、利用者の減少から業績が悪化し、2004年に自己破産を申請して運休となった。しかし同年、複数社によって現在の宿毛フェリーが設立される。かつての2隻体制から1隻体制へと経営を合理化し、運航を再開。それでも燃料費の高騰によって厳しい経営はつづき、高知県や同県6市町村などの地元支援を受けながら、今でも運航をつづけている。

旅行者目線で恐縮ながら、そんな厳しい状況ではありつつも、なんとか走りつづけてほしい。

本航路の旅情は深夜航路の中でも格別で、かけがえのない航路に思えてくる。

午前1時半を回る。カーペット席で少し横になって目をつむる。が、ほんの1時間だけと固く心に決めていた。2時半前にはデッキから外の景色を眺めたい、と。

なんとかぐっすり眠ることを避け、2時半に外のデッキに出る。

真っ暗闇の中、船はゆっくり北西へと進んでいる。

もわっと湿度が高く、夜になって少しだけ気温が下がってきているためか、霧がうっすらと海面を包み込んでいる。そのため、海の上を航行しているというよりも、雲の上に浮かんでいるような感覚になる。


あった。あの光。

どうしても眺めたかったのは、水ノ子島《みずのこじま》（大分県佐伯市）の灯台の灯。水ノ子島というのは、豊後水道《ぶんごすいどう》の真ん中にぽつんと佇《たたず》む無人島。周囲は320メートルしかなく、岩礁《がんしょう》と呼べるような小さな島。何より陸地から遠く離れている「孤高感」がいい。海の真ん中にぽつんとある島は、ついつい「そこには何があるのか」と想像が膨らむ。

水ノ子島にある灯台は、高さ約40メートルもある立派なもの。

真っ暗な夜の海に点滅する灯。2時半過ぎに水ノ子島の南方8キロ沖あたりを航行中、右舷《うげん》から水ノ子島灯台の灯がよく見える。小さな灯だが、あたり一面に漆黒《しっこく》の海と闇夜が広がっている

02:30過ぎ、右舷に水ノ子島灯台の灯が見える

だけに、力強い存在感がある。

と同時に、どこかしら哀しさも湛《たた》えている。灯は孤高で気高《けだか》いが、灯が回転して隠れてしまった際は、闇に消えてしまったと錯覚させる儚《はかな》さもある。

闇夜に目を凝らせば、水ノ子島の灯の奥に、さらにもうひとつの灯も見える。これは、水ノ子島の北東約16キロ先に浮かぶ日振島《ひぶりしま》にある灯台の灯だ。遠く離れているため、一巡する灯は、照らすというよりも、瞬《また》く星のよう。蛍の光のように消え入るかのように見えなくなっては、息を吹き返したようにまた瞬く。

本船に乗り込む際の言葉を思い返す。

「夜の海に吸い込まれないでよ（乗客はひとりだけだから）」

そもそも、なぜひとりだと夜の海に吸い込まれそうになるのだろう。

そのことは、深夜航路に乗ると感覚的にわかる。

ひとりだと、きっと「対話」をするかのように夜の海を眺めてしまうからだ。

ひとりで暗い海をずっと眺めていると、その途方もない奥行きが見えてくる。船がどんなに分け入っても、暗い海はどこまでもつづく。船は前へと進んでいるのに、だんだん時間が止まっているような感覚になる。夜は視覚に頼れないからこそ、海の存在を身体全体で感じてしまう。ふとした瞬間に、身体が大きな海と融合するかのような錯覚に陥り、その深淵な世界に吸い込まれそうになる。

それは夜空を眺める感覚に似ているのかもしれない。

夜空を眺めれば眺めるほど星が見えてくる。夜空にはどこまでも奥行きがあると気づいたとき、自分が小さな砂粒のように感じられてくる。そうして自分という小さな存在が夜空に吸い込まれていくような錯覚に陥る。どこまでも奥行きのある大きな存在を目の前にすると、人はその存在に溶け合うかのように吸い込まれそうになるのだろう。

船は水ノ子島を通り過ぎると、やがて大分県の佐伯湾へと入り、工場群の煙が見えてくる。朝が近づくにつれ霧がどんどん濃くなっていく。あたりが霧で煙っているため、接岸直前になってようやく岸壁が見えてくる。

3時40分、佐伯港着。

船は佐伯港に30分だけ係留して、佐伯4時10分発宿毛行として折り返す。港で観察していると、折り返し便に乗り込んだのは、1名の徒歩客と1台の乗用車だけ。またもや乗客が少なく、ちょっぴり心細くなる。

栈橋の先端まで歩き、折り返し便の出航を見送る。

船の窓に貼りつくようにして、一心に外を眺める子どもの姿が見える。1台だけ乗り込んだ乗

04:10に佐伯港を発つ「ニューあしずり」(宿毛行)

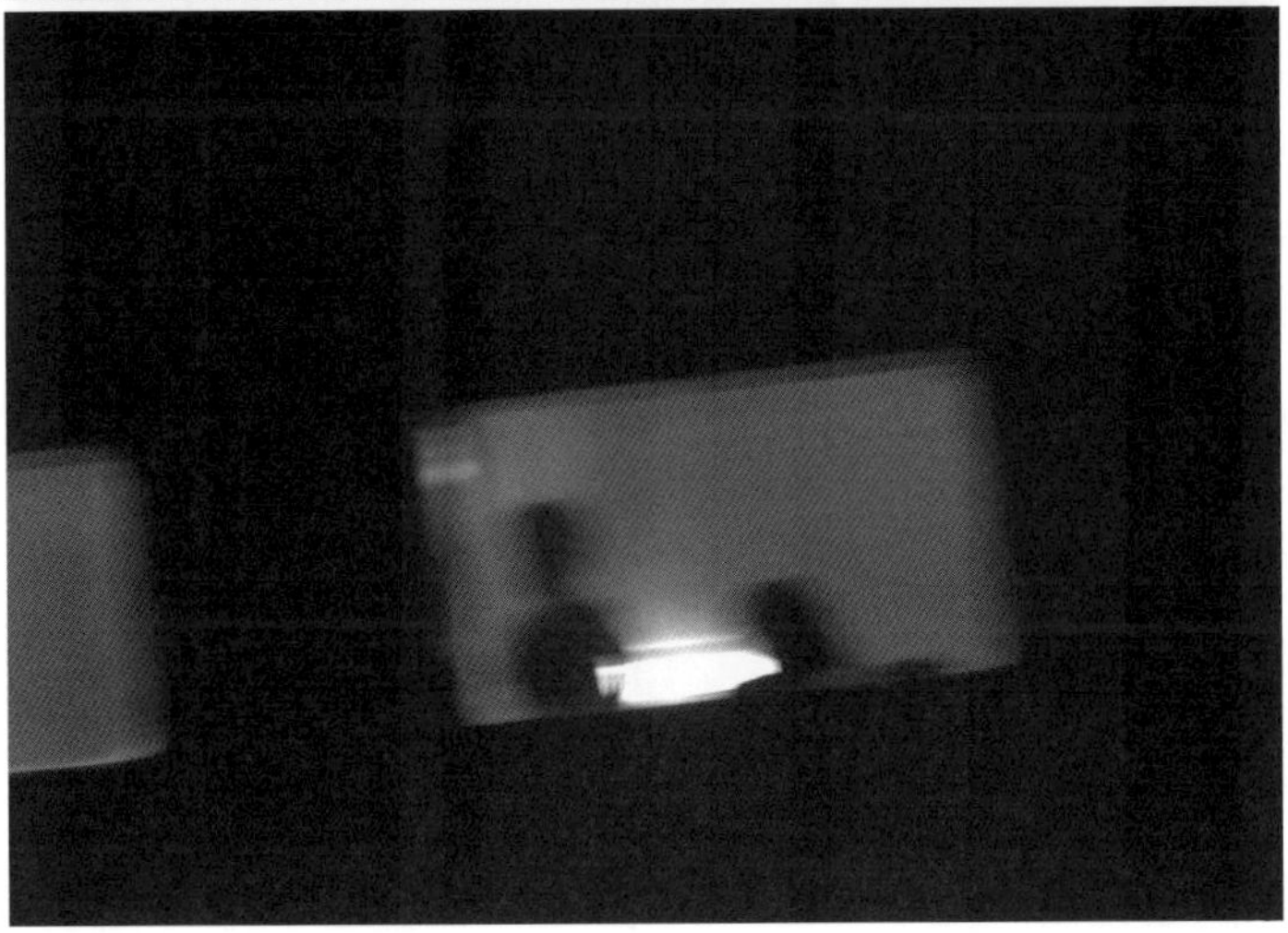

出航した「ニューあしずり」の窓に、貼りつくようにして外を眺める子どもの姿が一瞬見える

用車の家族だろう。子どもの高揚感が伝わってくるようだ。ガラガラの船内、朝4時過ぎという非日常的な時間帯。きっと、大人になっても忘れられない船旅になるのではないか。

宿毛へと旅立った船灯が、暗闇の中、ゆっくりゆっくり遠ざかる。

霧が立ち込めて、やがて船灯が少しずつ滲《にじ》んで見えなくなる。見知った人が乗っているわけでもないのに、なぜに遠ざかる船の後姿はこんなにも哀愁を帯びているのだろう。去りゆく親しい人の背中を眺めつづけているような気持ちになる。

折り返し便を見送っている間に、気づけばフェリーターミナルの灯は消えてしまっている。しょうがないので、桟橋の先端でザックを枕にしてごろんと横になる。7月の上旬、朝でも少し蒸し暑いので、遮《さえぎ》るものがない桟橋は風が吹き抜けて気持ちがいい。

無人島の灯台、水ノ子島へ

空が白みはじめたころ、桟橋で目を覚ます。

旅の締めくくりに、先に眺めた水ノ子島へ行ってみたい。

ここ佐伯港から、東方約15キロ沖に浮かぶ大島《おおしま》に渡る航路がある。第1便の6時30分発に乗って、約30分で大島に到着。この大島にある（磯釣り用の）漁船を借りるため、事前に電話で予約を入れておいた。大島に到着すると、佐伯港よりも濃い霧に覆われており、海の視界はほとんどない。

こんな濃い霧でも船を出してもらえるものかと不安になる。漁船の船長さんは「今はレーダーがあるから（霧でも）船を出せるには出せますけど。（この天気なので）どうします？」と逆に尋ねられる。

どんな天候であっても機会は逃したくないので、船を出してもらう。

濃い霧で真っ白な海を船は走る。

時おりレーダーに漁船や岩礁の影が映り、目視では何も見えないが、船はスピードをゆるめる。徐行しているうちに、ふっと近くに漁船や岩礁が現れる。そして、障害物を回避して、船はまたスピードを上げる。

水ノ子島は大島の北東12キロほどの地点にあって、所要時間は約30分。

水ノ子島に近づくと、幸運にも少し霧が晴れてきた。

まず目に飛び込んでくるのは、すくっと聳《そび》え立つ塔。孤高な灯台だ。

何もない海の真ん中にちょこんと小さな岩が浮かび、どんと威風のある灯台がその上に鎮座している。船が水ノ子島に近づいていくと、灯台の大きさに驚く。まるで島に築かれた城塞《じょうさい》のよう。灯台の高さは約40メートルもあり、離島にある灯台では日本一の高さを誇る（日本全体としても3番目の高さ）。

水ノ子島は無人島で、周囲はたった320メートルしかない。こんな小さな岩のような島、四方が険しい崖となっている島に、よくぞこんな立派な灯台を築いたものだ。実際、水ノ子島灯

チャーター船で水ノ子島に近づく

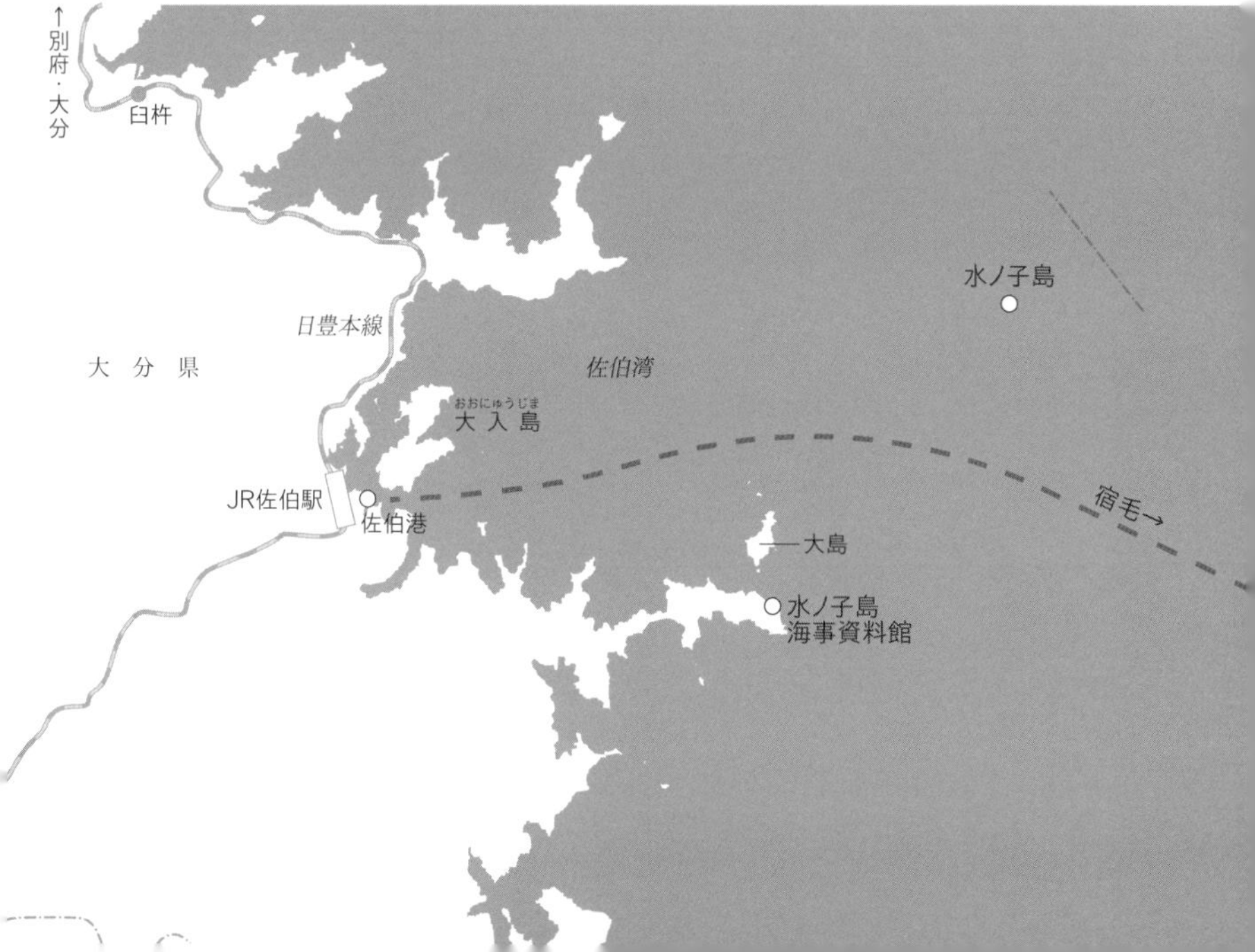

台は灯台建設史上で屈指の難工事だったといわれている（佐伯市にある「水ノ子島海事資料館」を訪ねると、島の歴史が詳しく学べる）。しかも着工されたのは1900年（初点灯は1904年）と、100年以上の歴史を誇る。

船長さんが「少し（水ノ子島に）上陸しますか」と、舳先《へさき》をちょこんと岩礁につけてくれる。岩場に跳び降りて上陸すると、5、6人ほどの釣り師が思い思いの場所に散って竿《さお》を垂れている。むんむんとした磯の強い薫《かお》りが鼻をつく。

水ノ子島に平たい場所は一切なく、岩場から灯台まで急な坂道がつくられている。白と黒の縞《しま》模様に彩られた美しい灯台。水ノ子島灯台は今や貴重な石造で、外壁は御影石《みかげいし》（花崗岩《かこうがん》）、内壁はレンガ造になっている。つるつるしたコンクリート造の灯台と違い、ごつごつした重厚感に親しみを覚える。

幾多の波風に耐えてきた灯台の長い歳月——。

などとじっくり感傷に浸りたいものの、小さな島から巨大な灯台を長らく眺めることは難しい。岩場から灯台を見上げていると、灯台が高すぎて下から真上を眺める形になるので、すぐに首が痛くなる。のけぞって背後の海に転げ落ちそうな感覚になる。

水ノ子島灯台の電源は、太陽光発電と波力発電によって確保されている。そのため、今では完全自動化によって無人になっているが、1986年までは灯台守が常駐していた。現在は上陸

高さ約40メートルの灯台が聳える水ノ子島

しても灯台の内部に立ち入れないが、点検作業に同行した記者によると「古びた食堂や寝室など、86年まで海保職員が交代で泊まり込んでいた名残もある」という（「水先案内、異常なし　水ノ子島灯台、今年最後の点検　佐伯沖」『朝日新聞』）。

灯台以外に何もないといってもいい島で暮らした灯台守の生活とは、いったいどのようなものだったのだろう。職員2人が島に滞在し、1週間交代の勤務だったというが、水ノ子島では自由に歩き回れる場所もない。

毎晩毎晩、海を照らしつづける。

幾日も幾日も海を見守りつづける。

そんな孤独な日々の暮らしから、灯台守自身の内側にわき起こってくる感情や思いとはどのようなものだったのだろう。

ふと想像する。

深夜航路に乗ると、灯台の灯にほっと癒される。

しかし、灯台守にとっても深夜に姿を現す定期航路は、日々の潤いになっていたのではないかと。毎日毎日、雨の日も風の日も水ノ子島の近くを規則的に航行する船の存在。灯台からは船内の様子は見えなくても、船室の灯や船灯が「人の存在」として灯台守にはいとおしく映っていたのではないか。灯台守は船の針路を照らしつつ、航行する船の灯は「灯台守の内面」をそっと照らしていたのではないか。

水ノ子島から船に戻る。

船が水ノ子島を離れる。

島が後方へと遠ざかり、ぐんぐん灯台が小さくなる。

でも、なぜか水ノ子島から目をそらすことができない。

灯台が直立して、いつまでも見送ってくれているように思える。

そのまま陸《おか》へ向かえ。日々迷わず、まっすぐ進めと、語りかけてくるかのよう。

やがて、うっすらと灯台に霧がかかったかと思うと、島影と灯台が白い景色に溶け込んでしまう。もう目を凝らしても何も見えない。そして、あっという間に濃い霧が船をすっぽりと覆い、真っ白な海に船のエンジン音だけが響きわたる。

遠ざかる水ノ子島

12

博多↓対馬（厳原）

福岡県福岡市

長崎県対馬市

玄界灘を貫く深夜航路

博多↓対馬（厳原）

博多（福岡県）と対馬《つしま》（長崎県）を結ぶ航路は、3社（九州郵船、壱岐《いき》・対馬フェリー、対馬海運）が運航している。本項で紹介するのは、壱岐・対馬フェリー（トラック・貨物輸送を主とする船）による深夜便。博多港（那《な》の津《つ》）と対馬の厳原《いづはら》、138キロの距離を約4時間30分で結ぶ。途中、長崎県壱岐島《いきのしま》（芦辺《あしべ》港）を経由する。早朝の対馬到着となるため、観光の移動手段としても魅力的な航路。

01:00	発
05:30	着

＊発着時刻はドック（臨時）ダイヤのもの

壱岐・対馬フェリー

写真は博多港（那の津）で01:00の出航（厳原行）を待つ「みかさ」（671トン、全長77.8メートル）。トラック・貨物の運搬が主のため、旅客定員は12名のみ。徒歩客による利用は少なく、大半はトラックドライバーによる利用。12名全員分のゆったりしたベッドが備えられている。

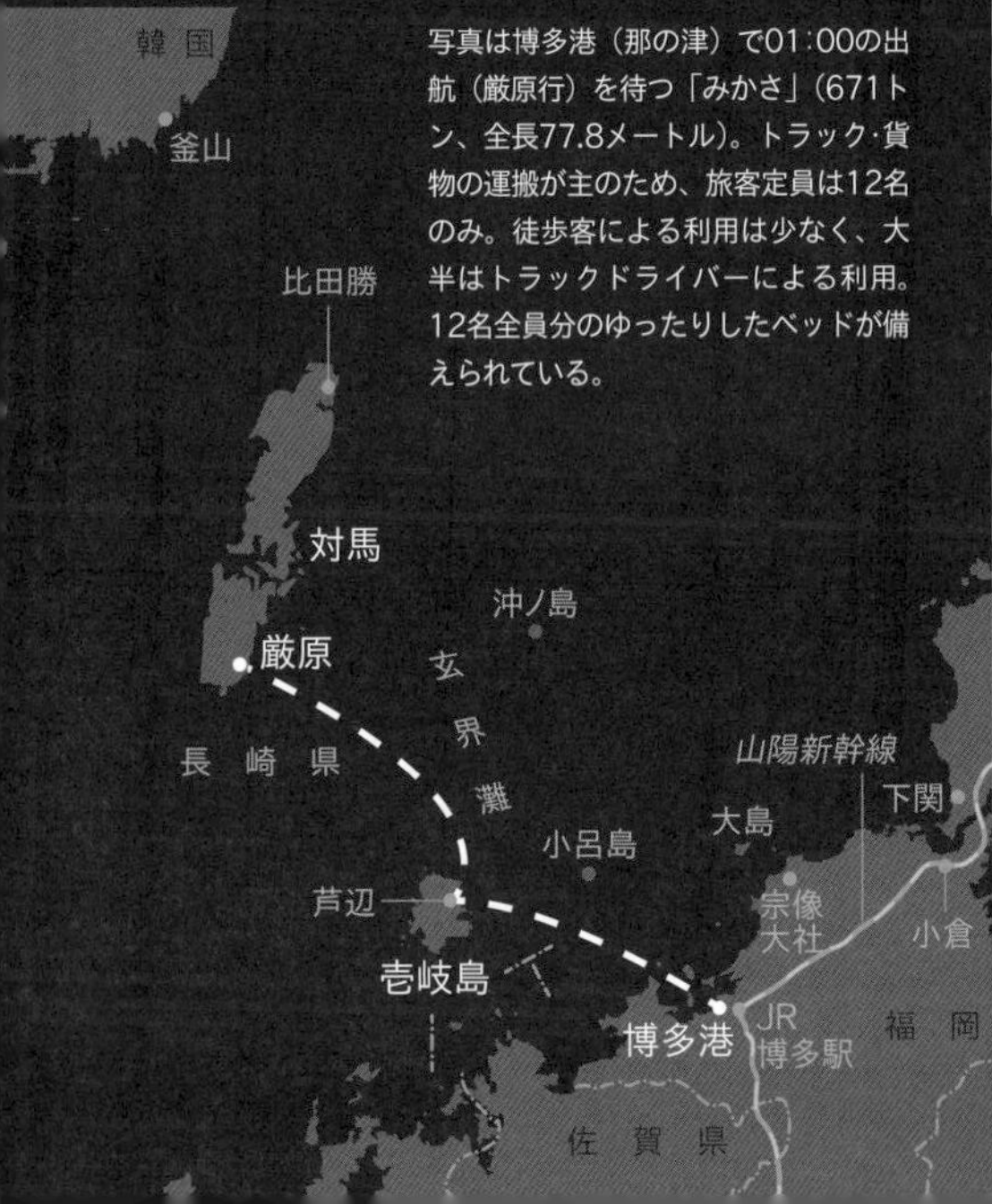

ベッド脇の窓に闇は流れる

フェリーの乗り場を間違えた。

乗船予定だったのは、博多港0時05分発の対馬行フェリー（九州郵船）。タクシーで迷ってしまい、たどり着いたのは博多港（博多ふ頭）ではなく、少し離れた那の津発着所。予定を変更して、1時00分発の便（壱岐・対馬フェリー）に乗ることにした。

このように少しややこしいのは、博多から対馬（厳原）へ向かう船は、九州郵船、壱岐・対馬フェリー、対馬海運という3社が同航路を運航しているためだ。しかも博多港での発着所がそれぞれ別の場所にある。九州郵船以外の壱岐・対馬フェリーと対馬海運の2社は、貨物・車両輸送に特化した船で、基本的に徒歩客は想定されていない。それでも、わずかな徒歩客には対応してくれているので、さっそく壱岐・対馬フェリーの窓口で切符を購入することにした。

しかし。

「本日は予約でいっぱいです」と、つれない返答。

1時00分発（壱岐・対馬フェリー）に乗れない――。

これはマズい。もう時刻は23時40分を回っている。今からタクシーを呼んで0時05分発の九州郵船の発着所に移動しても、ちょっと間に合いそうにない。

この日は2017年5月の下旬。金曜日の夕方、大慌てで仕事を片づけて職場から東京駅へと直行し、18時10分発の新幹線に駆け込んだ。平日の最終日ということもあって仕事が山積し、飛行機の予約も、新幹線の指定席も取る暇がなかった。新幹線の自由席で5時間を過ごし、23時10分に博多駅到着。そこからタクシーを使って、ようやくここまでたどり着いたというのに。

いったいどうしたものかと、閉口。

窓口をはさんで、しばし沈黙が流れる。

「あの……もし座席でよければ」とのこと。

本日の船「みかさ」（671トン、全長77・8メートル）では、乗客全員にベッドがあてがわれる。しかし旅客定員は12名しかなく、多くはトラックドライバーの予約で埋まってしまう。ただし、船内の前部にはイス席（44席）もあるため、「（特別に）そこでもよければ」と配慮してくれた。ひとまずほっとして、片道5000円の運賃を支払う。

「みかさ」は、もともとは沖縄県の伊是名《いぜな》村営フェリー「ニューいぜな」として使われていたもの。その（一般的なフェリーとして使われていた）名残で、今でも多くのイス席が残っている。イス席があるにもかかわらず、旅客定員を12名に限定しているのは、貨物船として就航しているためだ（12名を超えると船舶安全法で旅客船扱いになる）。

船尾の車両甲板から船に乗り込む際、ちょうどキャンセルで1名分の空きが出たとのことで、ベッドを割り振ってくれた。船室に入ってみると、旅客定員は12名だけということもあって、少し大きめのシングルベッドがゆったりと配置されている。ベッドの脇にはデッキの通路に面した

「みかさ」の船室前方にはイス席(44席)がある

各乗客にあてがわれるベッド。大きな窓越しに闇が流れる

大きな窓があり、寝ころびながら外の景色が愉しめる。

船は旅客をメインとしていないこともあって、中距離航路のわりに、船内施設はいたってシンプル。中・長距離航路にはよく備えられているシャワールームもなければ、カップ麺といった軽食の自販機もない。飲料の自販機があるのみ。このように施設はシンプルであるものの、2階と3階には広々としたデッキがあるので、深夜航路の解放感は堪能できる。

博多出航は午前1時ころ。通常は0時30分発だが、この日（2017年5月下旬）は2隻体制のうち1隻がドック入りしているために臨時ダイヤ（ドックダイヤ）となっていた。窓口でも「1時ころに出航しますから」と告げられたが、車両や貨物の輸送がメインの船にとっては、（ドックダイヤに限らず）出航時刻というのは積み荷の関係で多少幅をもたせていることが多い。

深夜の出航ながら、博多湾には煌々《こうこう》と灯《あかり》が広がっている。

ゆっくりと海沿いに広がる高速道路と街の灯が遠ざかり、玄界灘《げんかいなだ》を進むにつれて真っ暗な海と闇が広がっていく。真っ白なぱりっとしたシーツが心地よいベッドに横になっていると、沖に出るにつれてタテ揺れがはじまった。この日の天気予報では海上は2～2・5メートルの波高だったので、外海は多少波があるのだろう。しかし、幸いヨコ揺れはなく、規則的な小さなタテ揺れなので、この程度であれば船酔いはしない。船にはフィンスタビライザー（減揺《げんよう》装置）が設置されているので、ヨコ揺れが制御されているのだろう。

それにしても、ふわふわのベッドで横になりながら、流れる闇を大きな窓越しに堪能できるのはありがたい。寝ころびながら、星も眺められる。ごおおと、ベッドに響いてくる船のエンジン音が「前へ進んでいる」という高揚感をもたらしてくれるので、なかなか寝つけない。ベッドで眠る乗客は、みな窓側のカーテンを閉め切っているが、なんだかカーテンを閉めるのがもったいなくて、開けっ放しにして夜の海を眺める。

気づけば眠っていた。

午前3時ころ、船内にアナウンスが流れて目を覚ます。寄港地である壱岐島東部の芦辺港に到着することを告げる。どうしようもなく眠いが、身体に鞭《むち》を打ってベッドを出る。カーテンが開かれたままになって、靴がなくなっているベッドがあるので、ここで下船するトラックドライバーもいるのだろう。

デッキから真っ暗な芦辺港を眺める。

しばらくすると、船からトラックが勢いよく滑り出していく。

本船「みかさ」は貨物船であるため、芦辺港に壱岐・対馬フェリーの旅客用ターミナルビルはない。隣の岸壁には大きなターミナルビルがあるが、これは別会社のもの。当初乗船を予定していた九州郵船の深夜航路（博多0時05分発）は芦辺港に寄港する際、このターミナルビルを旅客の乗降に用いる。しかし、一足早い2時25分に出航しているため、もうターミナルの灯は消えていて誰もいない。

船は3時半ころに芦辺港を離れ、最終目的地の対馬（厳原）へと向かう。

眠い目をこすりながらデッキで空を見上げると、柄杓《ひしゃく》の形をした北斗七星が光っている。離島へ向かう夜の航路は、陸地を遠く離れて航行するために星がよく見える。陸の灯に晒《さら》されにくい離島の航路では、夜の暗さ、夜の静けさをひときわ感じやすい。

それにしても、なぜ暗闇を進む航路は、こんなにも心地よいのだろう。夜の効能、闇夜の効能とはいったい何なのか、ついつい考えてしまう。

米国の思想家・随筆家として名高いヘンリー・デイヴィッド・ソロー（1817－1862）は、自然の暮らしを描いた『ウォールデン　森の生活』で広く知られているが、日中のみならず真夜中の自然散策をも積極的に行って、描写や思索を重ねていた。

　夜が人の精神を大いにいやし、育んでくれるので、感受性に富む人の心が、こうした夜のことを忘却にひき渡してしまうはずはない。また、夜を戸外ですごしたためにより良く、より聡明にならない人もたぶんいないと思われる。たとえその人が、そのつぐないに次の日一日中眠らざるをえないとしても。

（『月下の自然』小野和人訳）

このようにソローは、夜の時間帯が持つ豊かさを説いている。たとえ（翌日）昼間の時間帯を睡眠不足で犠牲にしたとしても、夜に屋外で過ごす時間を大切にせよとのメッセージだ。人間によって俗化されていない夜にこそ、新鮮さや麗《うるわ》しさがあると、文明批判を交えて持論を展開している。ソローの主張に沿って考えると、精神を育み、感覚を豊かにしてくれることこそが夜の効能だといえるだろう。深夜航路が心地よいのは、日ごろは忘れてしまっている夜の効能に気づかせてくれるからだ。

船上で夜明けを迎え、5時半を過ぎたころ、対馬（厳原港）に到着。朝を迎えたばかりの対馬は、空は澄んで山々の緑はつややか。船の到着を待ちわびていたかのように、ツバメが何度もびゅんびゅんとデッキに飛び込んできては、屋根の下で羽を休めている。

いったいツバメは船で何をしているのかと、不思議に思う。

どうやら巣をつくる場所を探しているよう。いろいろ検索して調べてみると、「フェリーでのツバメの巣づくり」は各地の風物詩として報告されている。フェリーは乗客の乗り降りがあるために、天敵であるカラスなどが近づきにくく、ツバメにとっては格好の巣づくりの場所になるそうだ。しかし、船は航海するもの。船が岸壁を離れて運航をはじめると、親鳥は「航海する巣」を追いかけてエサをやったり、船が港に到着した際に親鳥が現れてエサをやるケースがあるとのこと。

港に到着した船からトラックやコンテナが吐き出されていく。やはり港に旅客用のターミナルはなく、プレハブの小さな切符売り場があるのみ。街の中心に向かって北西へしばらく歩いてい

対馬（厳原）到着前に夜明けを迎える（「みかさ」）

対馬に到着すると、ツバメがデッキに飛来する（「みかさ」）

「みかさ」からトラックが吐き出されていく（厳原港）。左手奥に停泊しているのは、対馬海運の「フェリーたいしゅう」

厳原港に一足早く到着していた九州郵船の「フェリーちくし」

くと、九州郵船の立派な旅客ターミナルがある。大きなフェリーが係留されているのは、当初乗船する予定だった船（博多0時05分発「フェリーちくし」1926トン）で、今回乗船した「みかさ」よりも一足早く対馬に到着している（厳原港4時45分着）。

九州郵船のターミナルは多くの徒歩客で賑わっている。高速船の6時45分発博多行は満席とのことで、キャンセル待ち状態。話し声に耳を立てていると、急遽、携帯電話で空席を確認し、飛行機に切り替えて空港に向かう人もいる。

ターミナルの目の前にはバス停があり、7時03分発の比田勝《ひたかつ》行に乗る。ここ厳原は対馬の南に位置する、島最大の玄関口。一方の比田勝は、対馬の北端に位置するもうひとつの玄関口。路線バスは、細長い対馬を南から北へと縦断していくルート。厳原の中心街にバスが停車すると、大きなトランクを抱えた韓国人旅行者がたくさん乗り込んでくる。

バスは国道382号線をひたすら北上する。

うねうねと濃い緑の丘陵《きゅうりょう》を駆け上がっては駆け下りる。時おり見える入り組んだ海岸線がまぶしい。そんな美しい車窓ながら、深夜航路での寝不足もあって車内で眠りに落ちる。がたがたと揺れが激しく、カーブで頭を窓にガンとぶつけては目を覚ます。一瞬外の景色に目をやっては、体勢を変えることもなく、またすぐに眠ってしまう。

対馬は広い。バスは比田勝まで2時間半もかかる。その間、ひたすらバスの窓に頭をぶつけつづけた。

先に引用したソローの言葉（『月下の自然』）を再び思い出す。

夜を戸外ですごしたためにより良く、より聡明にならない人もたぶんいないと思われる。たとえその人が、そのつぐないに次の日一日中眠らざるをえないとしても。

そうだ。バスで朝からひたすら眠りつづけるのは、深夜航路でいい夜を過ごした「つぐない」だ。でも、新緑の森を駆け抜けるバスでぐっすり眠ること自体も気持ちがいいので、比田勝に到着するころには、すっきりした心持ちになる。

終点の比田勝に着くと、厳原と同じく韓国人旅行者であふれている。ここ比田勝は韓国南部のプサン（釜山）に近く、高速船が頻繁に発着して1時間ほどで両港を結んでいる。そのため、比田勝の街には韓国人の若いカップルや女性旅行者が目立ち、華やいだ雰囲気。商店で尋ねてみると、プサンからは日帰り客かバスツアーを使っての1泊客が多いとのこと。比田勝からプサンまでの距離は約80キロ。博多までは約150キロ離れているので、断然プサンのほうが近い。

レンタサイクルを使って、海岸沿いを散策する。海がひときわ青く、白砂のビーチが美しい。対馬は平地が少なく、海岸線の多くは急な崖になっているので、対馬の道路は海岸から少し離れたところに通じていることが多い。そのため、海岸の多くは道路拡張のためにコンクリート護岸で固められてしまうことも少なく、美しい海岸が多く残っている。

白砂のビーチ（三宇田浜《みうだ》）に降り立つと、韓国語の黄色い声が飛び交っている。まだ5月なので海には入れないが、裸足になって足を浸すだけでも愉しい。

海辺でわあわあとはしゃぐ若い韓国人旅行者を眺めていると、なぜかこちらまで幸せな気持ちになる。ただただシンプルに目の前の風景に胸を躍らせている。若い人が「美しい景色を見たい」「知らない場所を旅したい」という思いは、じつに健康的な精神だと思う。快活な気分になるのは、そんな周囲の健《すこ》やかさが自分にも浸透してくるからなのかもしれない。

世界遺産・沖ノ島遥拝航路

自転車でたっぷり陽射しを浴びて汗まみれになりつつ、比田勝港に戻る。

今回対馬で1泊もしないのは心残りだが、このまま博多港行の船に乗って福岡へ戻りたい。比田勝は韓国のプサンとは航路で密に結ばれているものの、国内の航路はたった1日1往復しかない。それが15時05分発博多行の九州郵船のフェリー。博多までの所要時間は5時間50分と長い。

深夜航路ではないものの、かねてからこの航路に乗ってみたかった。

「フェリーげんかい」（675トン）に乗船して、すぐ船員さんに訊《き》いてみる。

「船から沖ノ島は見えますか」と。

そう、この航路は今や世界遺産となった沖ノ島（福岡県宗像市《むなかた》）の近くを通る。乗船したこの日は2017年5月だったので、正式にはまだ沖ノ島は世界遺産に登録されていなかった（世界

韓国からの旅行者が多い対馬（比田勝の近くにある三宇田浜）

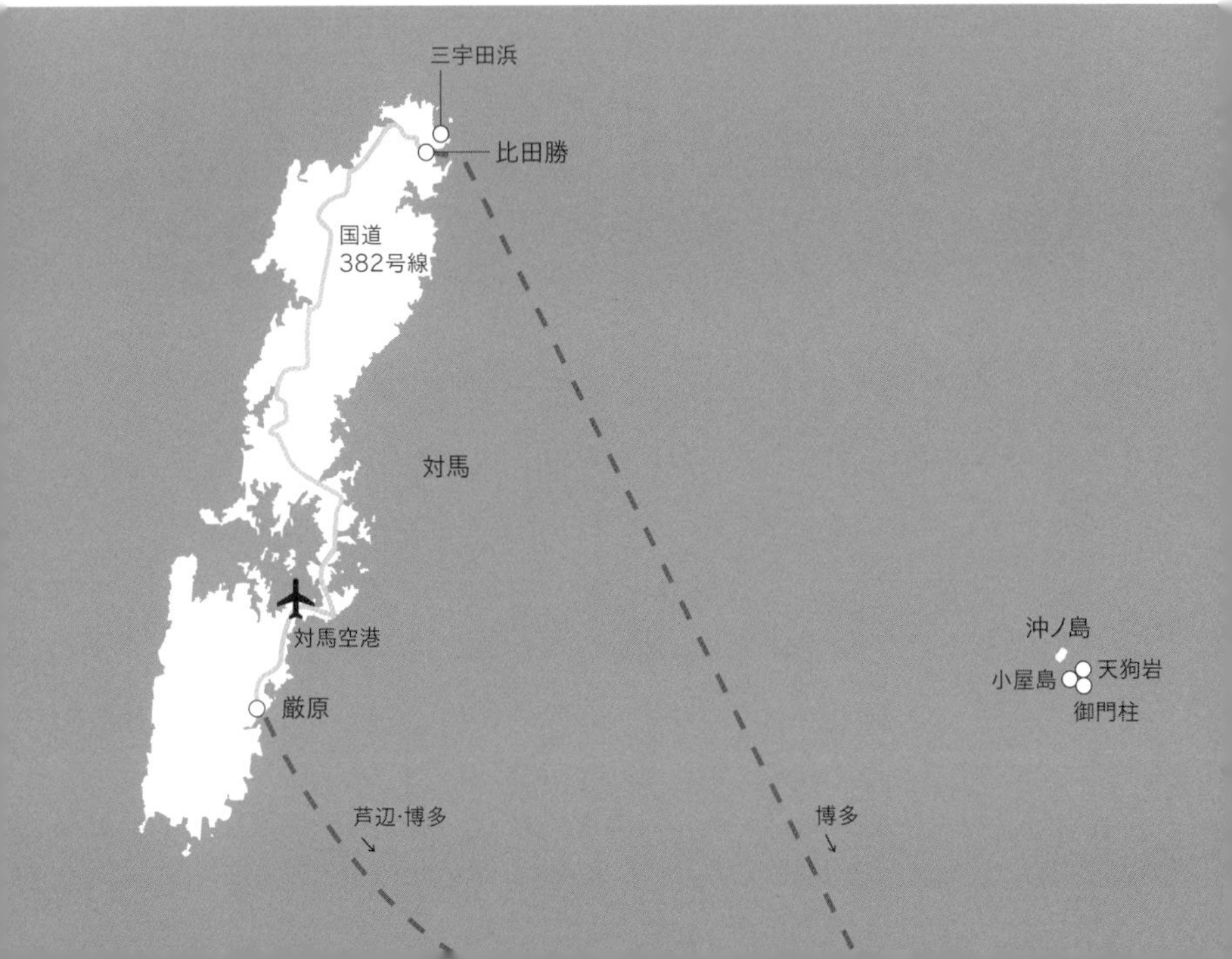

比田勝港で出航を待つ「フェリーげんかい」（博多行）

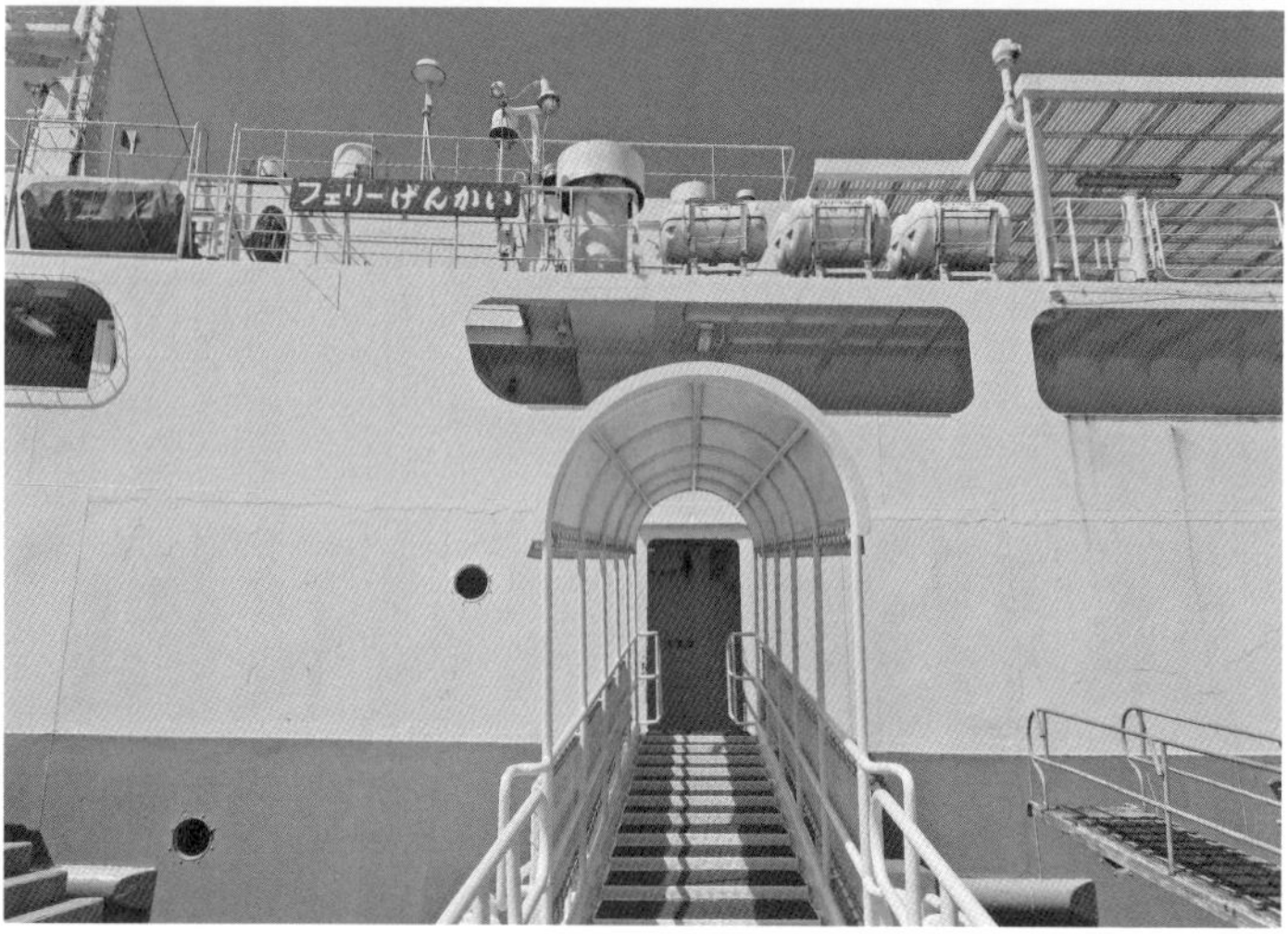

15:05発の「フェリーげんかい」に乗船

遺産登録は同年7月）。しかし、その当時から沖ノ島の世界遺産登録は確実と目《もく》されていた。

沖ノ島は「神宿る島」といわれるよう、神聖さ日本一の島だろう。島全体が御神体として祀《まつ》られ、一木一草一石たりとも島外に持ち出してはならないという掟と、女人禁制の伝統を今も固く守りつづけている。沖ノ島の山の中腹には宗像大社沖津宮《おきつみや》があり、宗像大社から神官がひとり派遣されて無人の島を守っている（10日交代制）。

神聖な沖ノ島を沖ノ島たらしめているのは、一般人は近づけない、上陸できないということにある。玄界灘の真っただ中にぽつんと浮かぶ孤島で、アクセスは一切ない。

ただし、1年に1度だけ（毎年5月27日、大祭の日）は、抽籤《ちゅうせん》で選ばれた一般人（男性のみ約200名）が沖ノ島の上陸を許可される。大祭の日とは、日露戦争の日本海海戦が開始された日。沖ノ島の近海で激しい海戦が行われたため、戦没者の慰霊と平和を願って祭りが執り行われる。

しかし世界遺産登録によって、2018年からはこの1年に1度の機会も中止となる。遺産の保全や管理に厳格に取り組むためだという。今後は国内外からの観光客の増加が見込まれるため、申込者殺到という混乱を避ける狙いがあるのだろう。女人禁制という風習もあるために、海外からの反発も考慮してのことだろう。

そこで、この航路だと思う。

比田勝15時05分発博多行、九州郵船の航路。

1日1便だけ運航されている本航路は、アクセスできない沖ノ島に接近できる唯一の存在（国内公共交通機関）だ。逆の博多発比田勝行の便は、22時30分発4時20分着という夜間航路となるため、沖ノ島を眺めることはできない。

この航路に乗船した日は、本当に図らずも5月27日だった。そう、この日は1年に1度だけ沖ノ島への上陸が許可される日だ。比田勝にあった「日露慰霊の碑」をたまたま訪れると、日露の国旗が掲揚されて日露戦争慰霊祭が執り行われていたため、今日が沖ノ島の大祭の日であることを知った。

船内で先に尋ねた船員さんが、声をかけてくれる。

「17時50分ころです。沖ノ島に最も近づく時刻は」

と、わざわざ沖ノ島沖を通過する時刻を正確に調べてくれた。

この日は快晴。早々17時にデッキに出て、左舷から東方に目を凝らす。

真っ青な海に、沖ノ島がぽつんと浮かんでいる。

沖ノ島の最高標高は244メートルの一ノ岳《いちのだけ》。カメラの望遠レンズを使って覗《のぞ》くと、一ノ岳の頂上付近に建つ白い灯台もよく見える。一ノ岳周辺に点在する大きな岩肌は、白っぽく映るため、肉眼でもはっきり見える。

船が博多へと南下するにつれ、沖ノ島の南側も見えてくる。

船上から沖ノ島(世界遺産)を眺める(上・下)

最接近時は、船と沖ノ島の距離は20キロほどと近い。

18時ころ、沖ノ島の近くに小さな岩があることに気づく。望遠レンズで確認すると、3つの岩礁がある。小屋島《こやじま》、御門柱《みかどばしら》、天狗岩《てんぐいわ》だ。この3つの小さな岩礁は沖ノ島の手前（南側）にあり、沖ノ島に上陸する際は「鳥居の役割」を果たしているとして、沖ノ島と同じく世界遺産に登録されている。


船はゆっくりと沖ノ島沖を通り過ぎる。

やがて19時近くになると右舷に小呂島《おろのしま》、左舷に大島が見えてくる（いずれも有人島）。この両島が、沖ノ島の「最寄りの島」とはなるものの、両島から沖ノ島は40、50キロは離れている。左舷に見える大島には、沖ノ島を拝むための沖津宮遥拝所《ようはいじょ》と宗像大社中津宮《なかつみや》がある（いずれも世界遺産登録）。沖津宮遥拝所とは、文字通り、行くことができない沖ノ島にある沖津宮をはるか遠く（の大島）から拝むための場所。かつて大島を訪ねて、北側の海辺にある沖津宮遥拝所から実際に沖合を遠望してみたが、沖ノ島は見えなかった。沖津宮遥拝所から沖ノ島までは、約50キロ離れている。天候に恵まれない限り、なかなか沖ノ島を拝むことはできない。

そのことを考えると、比田勝発博多行の航路は、まさに「沖ノ島遥拝航路」だ。

なかなか遠望することすらかなわない沖ノ島を拝むためだけに乗船しても価値がある。

この日の徒歩客は10名ほどと少なかったが、今後この航路は貴重な「（世界遺産の）沖ノ島遥拝

沖ノ島の「鳥居の役割」を担う、(左から)小屋島·御門柱·天狗岩も船上から遠望できる(いずれも世界遺産)

右舷から島影(小呂島)と夕陽を眺める

航路」として、もっと注目を集めるのではないか。

19時ころ、水平線が薄いピンク色に染まっていく。デッキから目を凝らしてみると、まだ沖ノ島の島影が船の後方に見えている。やがて19時過ぎに陽が沈み、船は夜の博多港にゆっくりと近づいていく。カーペット席で毛布にくるまり、ごろごろ横になっていた乗客は、すっかり休養できたかのようで、みな穏やかな表情だ。


博多港20時55分着。

港の周辺は真新しい大規模な商業施設が建ち並び、船上の静寂から夜の都会の喧騒《けんそう》へポンと放り出される。路線バスでJR博多駅に出ると、巨大な駅のターミナルビルが目の前に立ちはだかるように建っている。この煌《きら》びやかな街。煌々とまぶしすぎる夜。しかも今日は土曜日。あちらこちらから車のクラクションのように、人のざわめきがこだましてくる。

この振り子のような変化はいったい何なのだろう。

終わったばかりの船旅が、まるで遠い昔のことのよう。船のゆるやかな時間が、もういとおしくなって、思わず立ち止まりたくなる。旅の終わりに、もう旅に出たくなっている。

いけない、いけない。立ち止まっては、いけない。

押し寄せるような人波をかき分け、駅の構内を前へと進む。

13

鹿児島↓桜島

鹿児島県鹿児島市本港新町

鹿児島市桜島横山町

日本一眠らない航路

鹿児島↓桜島

02:30	発
02:45	着

鹿児島市鹿児島港と同市桜島港、3・4キロの距離を15分で結ぶ。年間の利用客数は500万人前後と日本トップクラスの乗客数を誇る。1934年に運航を開始し、1984年から24時間運航となった。いちばん便数が少ない深夜帯においても60分間隔で運航を行っている、日本一眠らない航路。桜島のみならず、薩摩・大隅《おおすみ》両半島を結ぶ重要な海上輸送機関。

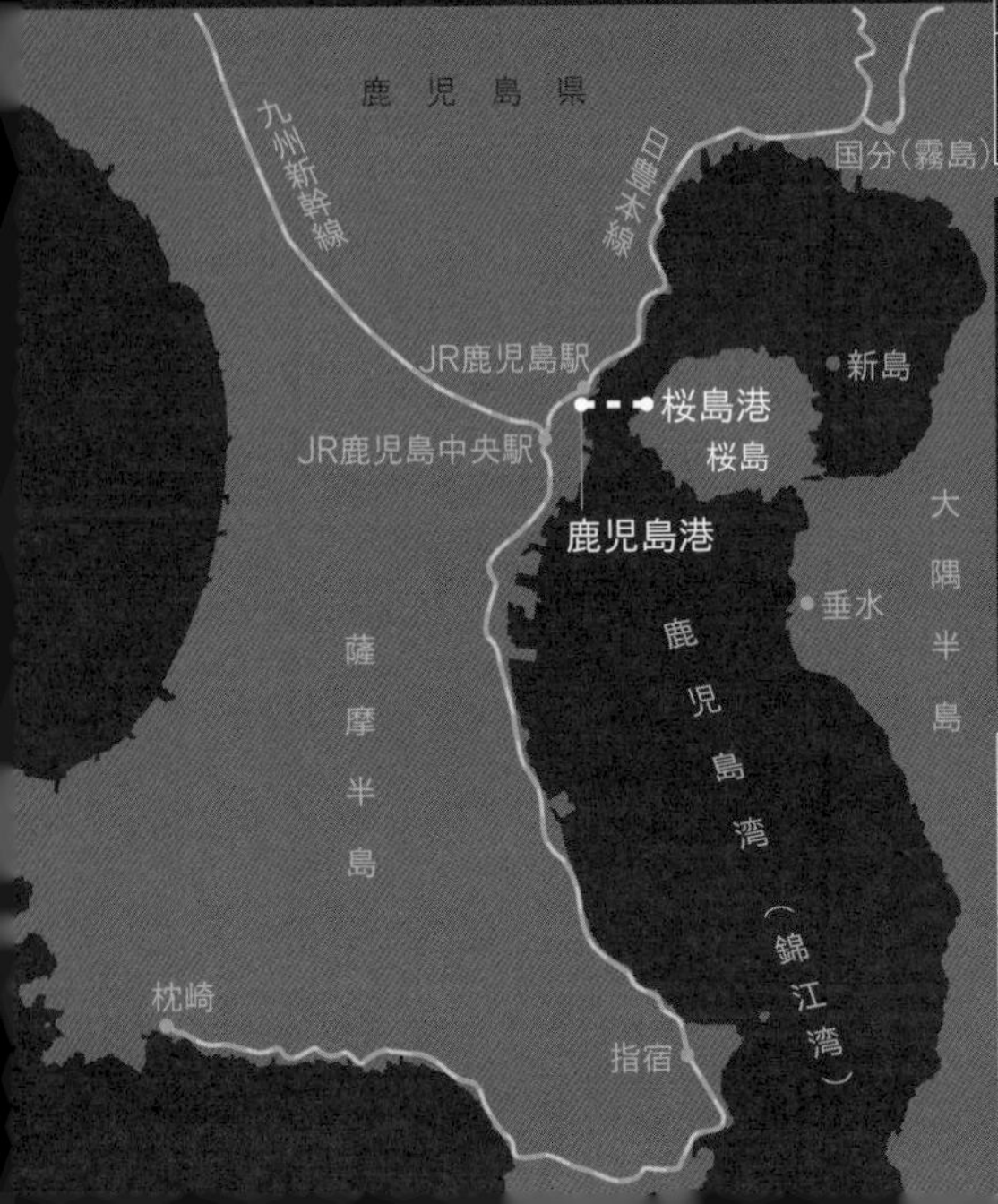

鹿児島市船舶局（桜島フェリー）

写真は鹿児島港で02:30の出航（桜島行）を待つ「第十八櫻島丸」（1240トン、全長56.1メートル、旅客定員674名）。船の1、2階は車両甲板、3階は船室、4階は操舵室と展望デッキのベンチ席になっている。名物となっている船内うどん屋「やぶ金」も24時間営業を行っている。

深夜航路にうどんの湯気は流れる

ほとんど誰も乗っていないのではないか。

そう思っていた。

鹿児島と桜島を結ぶ、桜島フェリー。鹿児島港のフェリーターミナルを訪れたのは、2017年9月の上旬。平日休暇を取った月曜日の午前2時。つまり、日曜日が終わって平日がはじまったばかりの月曜日、寝静まった時間帯。

港で海を眺めていると、真夜中でも桜島が見える。月明かりでうっすらと明るい夜の空に影絵のように桜島が黒々と鎮座している。そんな桜島を背にして、煌々《こうこう》と灯《あかり》をともした船が、こちら側に向かってくる。2時ちょうどに桜島港を発ったフェリーだ。

桜島フェリーの所要時間は15分（距離は3・4キロ）。鹿児島港から、桜島を発った船がこちらに向かってくるのをずっと眺められる。闇の中、フェリーがゆっくりと近づき、小さな船の灯がみるみる大きくなってくる。

桜島フェリーの船は、独特のフォルムをしている。迅速な機動性を重視しているため、船首から船尾までの全長が短い。そのわりには、しっかりと高さはある。1、2階は車両甲板、3階が船室、4階がデッキ席になっている。全長が短いというのは、意外とフェリーらしくない外見で、窓の灯をともした低層マンションのように映る。2時15分に鹿児島港へと到着したフェリーが今度は2時30分発として桜島へ折り返すので、港からターミナルビルに移動して乗船する。

誰も乗っていないという予想は覆《くつがえ》された。

徒歩客は10名。乗用車5台、小型のトラック5台が船に乗り込んだ。

日曜日の夜が終わり、日付が変わった時間帯に、しっかり利用者がいるとは……。

桜島フェリーは、年間500万人前後と国内トップクラスの乗客数を誇る。1日に70往復、しかも24時間運航だ。日中はほぼ15分おきに出航し、乗客が少ない深夜であっても60分間隔で運航している。日本一眠らない航路といって間違いない。

乗り込んだのは「第十八櫻島丸」（1240トン）。船は前後どちら側も船首になる。そんな機動性重視の船（全長56・1メートル）だけに、接岸と出航がクイックだ。午前2時30分、船は係留を解かれると、すぐに港を離れる。

遠ざかる鹿児島の街は灯がぽつぽつと点在するものの、月曜日の朝を控えて、しんと静まり返っている。その傍らで、桜島フェリーは眠ることもなく、きびきびと働きつづける。

もう30年ほども前のこと。

高校生だったころ、寝袋を持って南九州を冬休みに旅していた。宿に泊まるお金はないが、多くの地を旅したい。その欲求に従うと、夜行列車に乗るか野宿で夜を明かすことになる。当時、

鹿児島港から搭乗橋を通じて「第十八櫻島丸」に乗り込む

西鹿児島駅（現鹿児島中央駅）は夜間に締め出されてしまうので、（駅から約2キロ離れた）桜島フェリーのターミナルに流れ着いて夜を明かした。桜島フェリーは24時間運航のため、深夜でもフェリーターミナルには灯がともっていた（桜島フェリーは１９８４年に24時間運航を開始）。当時は小さなうす暗いターミナルだったが、「深夜も誰かが働いている」という安心感が何よりありがたかった。

あのころと変わらずに、桜島フェリーは今も24時間運航をつづけている。

４階デッキの（船首側）最前に立つと、真正面に桜島が見える。

夜空に漆黒《しっこく》の島影が浮かび上がっている。あのお馴染みの台形型をした山影。山の裾野には、街の灯が海岸線に沿って点在している。

桜島フェリーの愉しさは、桜島を真正面に見ながら、ぐんぐんと迫力ある山容に近づいていけること。ただし航行時間は15分しかない。夜風にあたりながら、拝むかのようにずっと桜島を見つづける。

ほどなくして桜島港が近づいてくる。鹿児島港側のターミナルに比べるとうす暗く、深夜の静けさが漂っている（註：２０１８年3月に桜島港の新ターミナルビルが完成）。２時45分に接岸すると素早く搭乗橋《とうじょうきょう》（ボーディングブリッジ）が渡され、10名の徒歩客がばらばらと降りていく。

搭乗橋を渡り、駅の改札のような乗下船口で運賃（片道１６０円）を手渡しで支払う。桜島

深夜のスカイデッキ（4階）には誰もいない（「第十八櫻島丸」）

鹿児島港を発つと、真正面に桜島が見えてくる

フェリーの場合、料金所は桜島にしかない。ターミナルの外に出てみると、真っ暗でタクシーもなく、人影もない。今夜というよりも今朝がた泊まる宿（ビジネスホテル）は鹿児島港側にあるため、そのまま3時00分発の折り返し便に乗って、鹿児島港へと戻ることとする。

運賃を徴収している改札の係員さんに訊《き》いてみる。

こんな深夜でもフェリーが運航しているのは救急搬送も担ってますから」という。

係員さんは「夜も動かしているのは、救急搬送も担ってますから」という。

そう、この航路は国道224号線の海上区間にあたる。フェリーは鹿児島市中心街と桜島を結ぶだけではなく、桜島が大隅半島と陸つづきになっているため、薩摩半島と大隅半島をつなぐ輸送の要になっている。フェリーを使えば、両者間の移動距離は陸路に比べて大幅に短くなる。そのために、急病人や陣痛、大けがといった救急搬送の際には重要な航路となる。

さらに本航路は、桜島の救難船としての役割も担っている。桜島の噴火や地震で島外避難が必要となった際は、桜島フェリーの全5隻が島内19か所の避難港を回って住民を乗せることになっている（「毎日24時間運航、全国唯一の桜島フェリー　その訳は？」『朝日新聞』参照）。

このように社会的な責務を負っている桜島フェリー。それゆえの眠らない航路ではあるが、今夜はいたって平和。

改札の係員さんは「深夜はほとんど（乗客は）いませんが。とくに深夜に桜島から（鹿児島港へ

桜島港に02:45到着。搭乗橋がフェリーターミナルに通じている

桜島港のフェリーターミナルで、折り返し便の改札がはじまる（03:00発鹿児島行）

の乗客）は少ないですね」と話してくれる。

3時00分発の折り返し便に乗り込む。

お客が少ないとはいいつつも、徒歩客が6名、車とトラック合わせて5台が船に乗り込んだ。明け方が近い時間帯にも、利用者はしっかりと存在している。

徒歩客は比較的若い方が多いように見える。時間帯ゆえの解放感からか、短いスカートの若い女性が前の座席に素足をばんと放り出して伸ばしている。深夜なので誰も来ないと思っていたのだろう。私が近くを通りかかった際は、あわてて素足を引っ込める。こんな時間帯に船内をうろちょろ見学して、ちょっと申し訳ない気持ちになる。

桜島3時00分発の便でも、航行時間はまた15分しかない。

急ごう。

駆け込むように「やぶ金」の暖簾《のれん》をくぐる。

1981年から船内で営業をつづけ、今や桜島フェリーの代名詞ともなっている、うどん屋さんだ。たった15分の航路だが、30秒で1杯提供するという迅速性でも知られている。

やはり驚きは、24時間営業していること。

午前2時でも3時でも船内で店を開けてくれているなんて、すごい。

深夜に旅をしていると、たまらなくお腹が空《す》いてしまう。さっそく、うどんを一気に掻《か》き込む。素朴なおいしさが「深夜の身体」に沁《し》みる。

午前3時に、あたたかな食べものにありつけるという幸せ。しかも、カウンターには目の前で調理してくれる人がいるという幸せ。ついつい話しかけずにはおれなくなる。

なぜ（お客さんの少ない）深夜でも営業をつづけているのか、と。

「（船の事業者である鹿児島市との）契約上、そうなってるからね。夜はお客さんが少ないけど」という。

たしかに、この船には6名の徒歩客と5台の車・トラックしか乗っていない。1階の車両甲板を覗《のぞ》いてみると、深夜のためかドライバーはみな車に乗ったままで船室には上がってこない。足をダッシュボードに放り出すなどして、少しでも身体を休めようとしている。そんな深夜便でも、うどん屋の灯はともり、自分以外の徒歩客2名もハフハフとおいしそうにうどんをすすっていた。

「やぶ金」の店主のお顔は――以前と同じだ。

じつは、4か月前の2017年5月にも桜島フェリーの深夜便に乗っていた。その際も、同じ店主のおじさんだった。鹿児島0時30分発で桜島へ向かい、桜島1時00分発の折り返し便に乗って往復した。今回、再び乗船したくなったのは、もっと「深い（夜遅い）時間帯」の桜島フェリーにも乗ってみたくなったため。深夜2時、3時のフェリーはどんな様子なのか、と。

見覚えのある店主に再び会えたことがうれしく、あれこれ現状を尋ねてしまう。

「（乗客自体も）深夜は少ないし、今はコンビニもあるでしょ。それでも、中にはあたたかい食べものを喜んでくれるお客さんもいてね」

と、店主はとつとつと語ってくれる。

「（24時間営業ということは）1日3人での交代制ですか」と訊いてみた。

すると「いえ、2人」との返答。

店主は夕方の6時半から朝の6時半まで、ここで働いているとのこと。1日の半分、12時間は船上だ。「弁当を持ってきているから船で食事をしたり、お客さんの少ない時間帯には船で適当に休憩しているよ」という。


3時15分、鹿児島港に到着。

船はまたすぐに3時30分発の便として折り返す。3時30分の便にも、数は少ないながら、ばらばらと車と徒歩客が乗り込んでいく。

まだ真っ暗な空の下、ターミナルを出て宿に着くと、4時前。もう朝、だ。眠りにつく前に、ベッドで深夜の桜島フェリーのことをあれこれ想像する。

「やぶ金」のうどん屋店主は、今もまだ航海をつづけている。1日12時間を船内で過ごすということは、往復30分の航路で両港の係留時間が計30分だとすると、鹿児島と桜島を1日12往復することになる。

深夜の桜島フェリーの魅力は、「やぶ金」に尽きるのかもしれない。

深夜でも船内で営業している、うどん屋「やぶ金」（上・下）

午前0時を過ぎ、2時や3時を回っても、船上のうどん屋の灯はともりつづける。夜深い時間帯であっても、誰かが誰かのために働きつづける。店の灯は、深夜に移ろう人の心をあたたかくする。

無人島定期航路——新島(燃島)

桜島フェリーを使って、その先の旅にも出てみたい。

ここでは、先述した4か月前の旅を記したい。

2017年5月、桜島フェリーの深夜便に乗った日の朝、桜島を訪ねた。

目指すは、桜島の沖合に浮かぶ島、新島《しんじま》(燃島《もえじま》)。

新島は、不思議な無人島だ。

無人島なのに、週3日(日・水・金)、それぞれ3往復の定期航路が通じている。

観光用でもないのに定期航路が通じている無人島は、日本全国でここだけだろう。

桜島港から県道26号線を通る路線バスを乗り継ぎ、西浦ノ前《にしうらのまえ》バス停で降りる。

ここ浦之前集落から北東約1・5キロ沖合に新島は浮かんでいる。

バスが少し遅れたため、バス停から港(浦之前港)に駆けていくと、船(行政連絡船「しんじま丸」定員12名)はちょうど岸壁から舳先《へさき》を離して、後進しながら沖合に向かうところ。船長がバスからの乗客に気づいて、再び舳先を岸壁につけてくれる。

桜島（浦之前港）から無人の新島へ（「しんじま丸」）

船には釣り師が2名、研究者と思《おぼ》しき虫取り網を持った3名が乗船していた。船に乗れば10分足らずで、新島の西岸にある港に到着。乗客を降ろして空になった船は、すぐに引き返していく。船のエンジン音が遠くへと吸い込まれると、新島には音のない世界が広がる。静寂の島、だ。島全体がこんもりとした森になっている。研究者らしき3名は、エリアを分担しているのか、ばらばらと散らばって森へと分け入り、釣り師は近くの防波堤へと向かう。

新島は周囲2・3キロ（0・13平方キロ）の小さな島。

2013年に最後の2世帯3人が島を離れて、無人になった。

1951年には人口約250人を数えたこともあったが、高度経済成長期には多くの人が生活の安定を求めて島を出た。県も利便性を考慮して、対岸の浦之前集落の開拓を進めて移住を促進した（「錦江《きんこう》湾・燃島が無人島に」『読売新聞』参照）。

かつては漁業が盛んな島だったが、島民の減少はつづき、2010年の時点では4人に3人が75歳以上の高齢者となり、最後まで残っていた島民も、高齢や健康不安のため、家族が引き取るなどして島は無人になった（「住民なき島、公費なお」『朝日新聞』参照）。

2013年に島が無人化してから、（2017年時点で）まだ4年ほどしか経っていない。

港近くの集落跡には、朽ち果てた廃屋だけでなく、比較的新しい廃屋もある。島に延びる小径《こみち》の多くは、今でも歩ける。島を横断する小径を伝って島の東側に出ると、五社《ごしゃ》神社があり、美し

新島を横断する小径。鬱蒼とした木々に覆われているが、比較的歩きやすい

く手入れされている。その脇には、火山の観測施設（京大防災研究所の観測井《かんそくせい》）があり、今でも用いられている。

このように、無人化した島であっても行政連絡船のおかげか、今でも島に人が定期的に訪ねている気配があり、朽ち果てた淋しさはあまりわいてこない。ただ、神社の近くにある校舎跡（かつての桜峰《おうほう》小学校新島分校）は、廃校から45年が経つこともあって、栄枯盛衰を感じる。朽ちた平屋の教室には、大きな黒板が今も残っていた。「給食室」のプレートが掲げられたままの部屋もある。

島の東岸に沿う小径はないが、島の西側は海岸に沿ってコンクリートの小径が島の南端まで延びている。今度はその小径を南へ歩くと、海をはさんで悠然《ゆうぜん》と聳《そび》える桜島が見える。頂上付近には白い噴煙が上がっている。

それにしても、新島は少し異様な海岸線、だ。

なぜなら島の周囲はほぼ全体が護岸されていて、どこもかしこも消波ブロックがびっしりと敷き詰められている。汀《みぎわ》をコンクリートで護岸したうえ、さらにその外側に消波ブロックをすき間なく敷きつめるという、念の入れようだ。海岸に出てみても、消波ブロックで堰《せ》き止められた（淀《よど》んだ）海水にしか触れられない。消波ブロックとコンクリートの護岸が途切れるのは、南端のごくごく狭い浜辺のみ。

なぜ、要塞《ようさい》の島のようにコンクリートでびっしりと囲う必要があるのだろう。

1972年に廃校となった桜峰小学校新島分校（新島）

校舎内にある給食室跡（新島）

新島の海岸は消波ブロックとコンクリートで二重に護岸されている

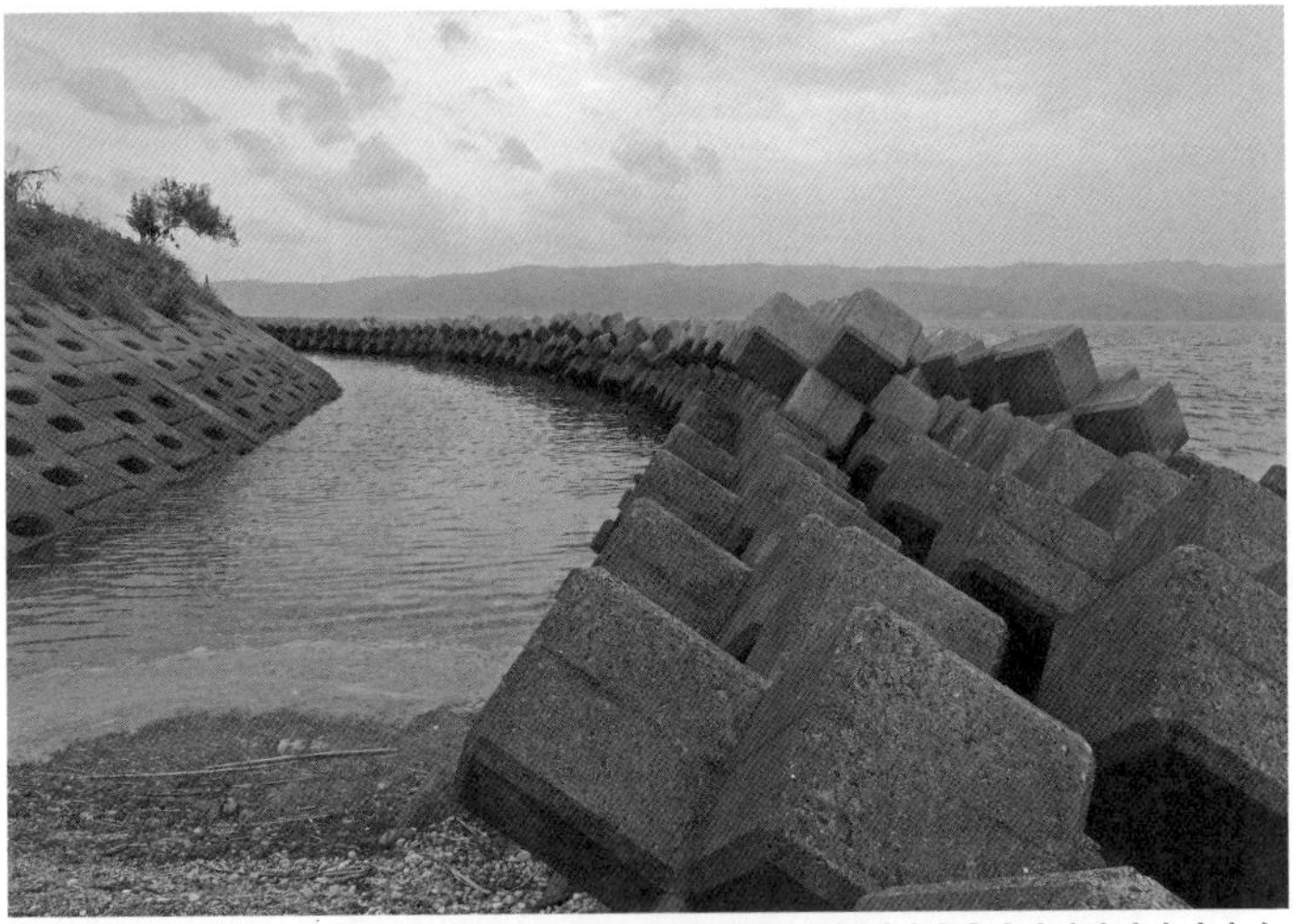

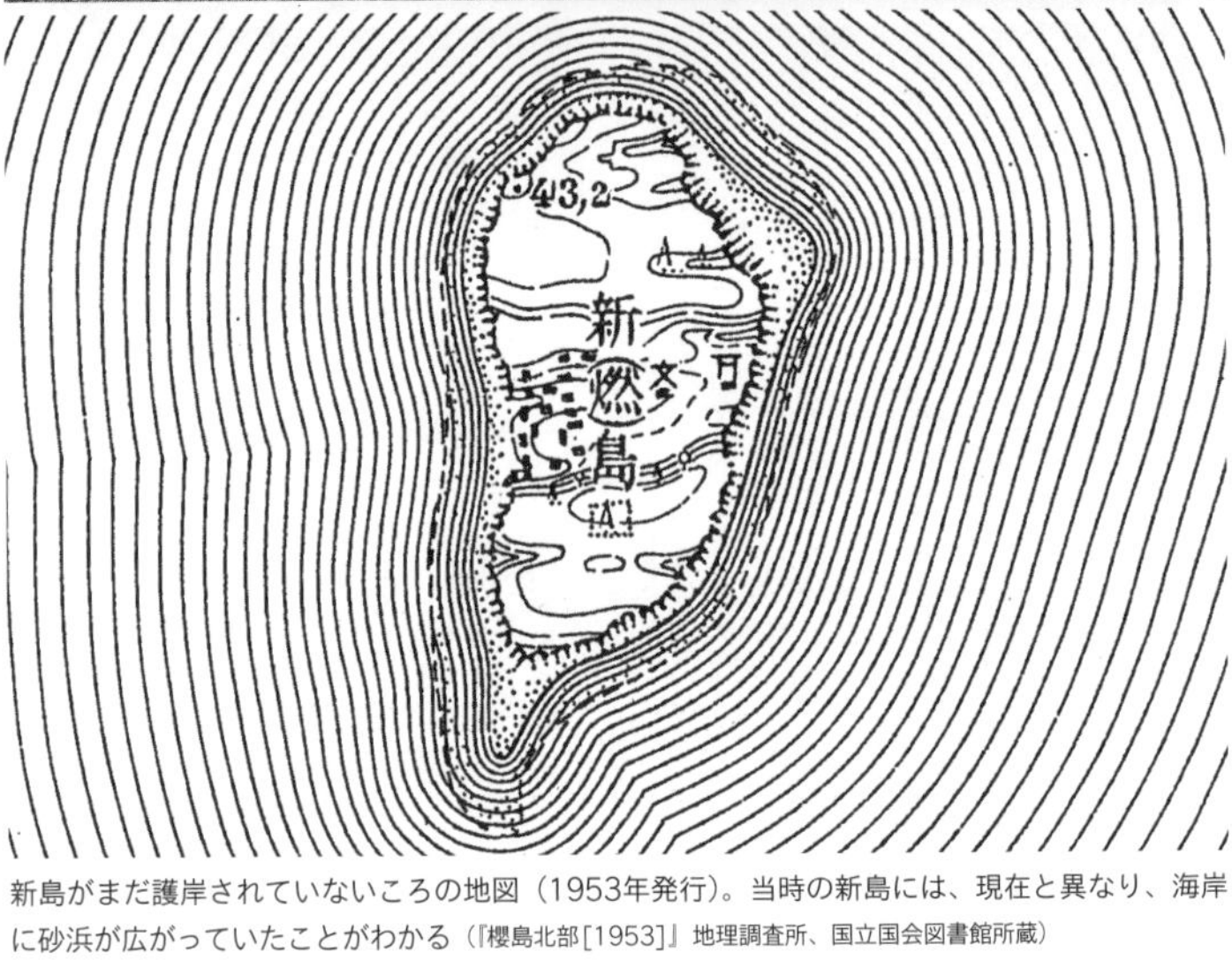

新島がまだ護岸されていないころの地図（1953年発行）。当時の新島には、現在と異なり、海岸に砂浜が広がっていたことがわかる（『櫻島北部[1953]』地理調査所、国立国会図書館所蔵）

もともと新島は、1779年の桜島の安永《あんえい》大噴火にともなって、海底が隆起《りゅうき》して誕生した。新島は桜島火山の灰が堆積《たいせき》したシラス土壌のため、隆起当時6キロもあった海岸線は波に浸食されて半分以下になった。そんな急激な浸食を食い止めるために、1960年代から護岸工事が積極的に行われるようになった。

ついつい歴史の皮肉を感じてしまう。

人が住む島を守るために巨額を投じて島を護岸する。なのに、時代の変化によって、人は島から便利な街へと去っていく。そうして、無人になった島には、コンクリートという無粋な人工物だけが残される――。

新島の港に戻り、お昼の第2便を待つ。

到着した船から、1組のカップル客が降りてくる。手にしたバッグにはレジャーシートが詰め込まれていたので、休日を静かな新島の海辺で過ごすのだろう。折り返す船は、自分ひとりだけを乗せて、桜島（浦之前港）へと戻る。船長に往復の料金200円（片道100円）を支払うと「これ記入して」と、名前と住所を記載する乗船記録ノートを手渡される。島の管理のためか、あるいは「無人島定期航路」の存廃検討のためなのか。

船長さんにいろいろ尋ねてみたが、どうも要領を得ない。

島民がいなくなって私のような物見遊山《ものみゆさん》客がおもしろくないのか、少し邪険に扱われる。浦之

新島の港から、桜島の噴煙が見える。行政連絡船（第2便）が新島に到着

前港に着いてから、あれこれ訊いても「ほらほらバス停あっち。もうバスが来ちまうぞ」と。

ただ、なぜ無人化した島に船を走らせているのかを尋ねると「やっぱり墓参りとかあるからさ」ということだけは教えてくれた。そう、無人化した島の定期航路をいつまで走らせるかという問題は、なかなか難しい。鹿児島市桜島支所長を取材した記事には、新島航路を継続運航している理由について「無人になったとはいえ墓参りに訪れる元島民がいるほか、廃棄物の不法投棄や不審者、反社会的勢力が住み着かないか、監視も必要」とあった（『朝日新聞』同前）。

つまり無人化した島であっても、すぐにほったらかしにはできない。無人化した今でも、元島民が島に渡ることはあるだろう。さらには港湾施設や観測施設、神社の維持管理等々、定期的に島に渡る人もいるだろう。しかし、いつまでも「無人島定期航路」が存続するとは考えにくい。新島が無人化して4年が経つ。まだ航路が存続していること自体、寛大な施策という気もする。それでも、この定期航路がなくなってしまえば、新島の歴史が消えてしまうように思える。島が誕生してから約20年後には人が住みはじめたという新島。200年以上もの人の歴史を刻んできた島の歴史が、いよいよ忘れ去られてしまうのではないかと。

そのことを考えると、たまたまだったにせよ、船長のぶっきらぼうさも理解できる。おそらく船長は新島の住民がどんどん減っていく姿も、無人になる姿も見届けてきた。今や住む人がいなくなって、船に乗るのは釣り師か、限られた旅行者が大半だ。生活航路としての役割は、とうに消滅してしまっている。この急激な変化に対して、なかなか内心穏やかな気持ちではいられないだろう。定期航路の存廃を考えることがあるかもしれない。そして何より新島がどんどん寂《さび》れていく様子に、淋しさが募らないわけはない。

港（浦之前港）から路線バスに乗り、桜島港へと戻る。

桜島のフェリーターミナルは、乗下船客でごった返している。さすが日本トップクラスの乗客数を誇る、桜島フェリー。休日の昼過ぎという時間帯もあって、ターミナルや船内は行楽客や部活の遠征の学生さんらでいっぱい。深夜便の静けさが嘘のよう。

航路が栄えていること、人が行き来していること。新島をあとにすると、目の前の日常的な光景がいとおしく思えてくる。

14

奄美大島（名瀬）→鹿児島

鹿児島県奄美市

鹿児島県鹿児島市

深夜の秘境トカラ航路

奄美大島（名瀬）↓鹿児島

鹿児島県奄美市（名瀬《なぜ》港）と同県鹿児島市（鹿児島港）、429キロの距離を16時間50分で結ぶ。途中、トカラ列島の7島（宝島《たからじま》・小宝島《こだからじま》・悪石島《あくせきじま》・平島《たいらじま》・諏《す》訪之瀬島《わのせじま》・中之島《なかのしま》・口之島《くちのしま》）を経由する。主に週2回の運航のため旅程はやや組みづらいが、深夜の旅情をはじめ、島ごとに異なる寄港地の情景が愉しめる。2018年4月以降は新船就航のため、新しい発着時刻に変更されている。

02:00	発
18:50	着

鹿児島県十島村（フェリーとしま）

写真は名瀬港で02:00の出航（鹿児島行）を待つ「フェリーとしま」（1389トン、全長85.8メートル、旅客定員200名）。1階にカーペットの2等室、2階に1等室、ベッドタイプの2等室などがあり、3階はレストラン·売店コーナー。2018年4月以降は、新船「フェリーとしま2」（1953トン、全長93.5メートル、旅客定員297名）が、「フェリーとしま」に代わって就航。

「本当の夜」に見えてくるもの

寛大な航路、だ。

奄美大島の名瀬発「フェリーとしま」は、鹿児島県トカラ列島の7島(鹿児島郡十島《としま》村)を経由して鹿児島港へと向かう航路。

名瀬港は午前2時の出航ながら、港に係留されている船に前日の18時から乗船できる(18〜21時。以降の乗船は午前1時〜1時50分)。なんと、出航の8時間前だ。

本航路の到着時刻を見てみよう。

名瀬発2:00→宝島5:05→小宝島5:45→悪石島7:10→平島8:20→諏訪之瀬島9:15→中之島10:30→口之島11:30→鹿児島18:50(註:2018年4月以降は新船「フェリーとしま2」就航のため、各島到着時刻は5分早まり、鹿児島到着は18:20に変更された)

たとえば午前2時の出航後、最初の寄港地は宝島5時05分着だが、名瀬で早目に乗船してしまえば、到着までぐっすり眠ることができる。冒頭に「寛大」と述べたのは、出航の1〜3時間前に乗船させてくれる船は多くあれど、こんなにも早くから乗船させてくれる船などないからだ。

もし名瀬港で18時に乗船し、全航程の鹿児島まで乗り通した場合は、船上で24時間以上過ごせることになる。

2017年9月上旬の土曜日、20時ころ名瀬の港に着いた。成田空港から格安航空のバニラ・エアに乗れば、3時間ほどで奄美大島に着く。路線バスに1時間ほど揺られると、奄美市の中心街（旧名瀬市）に出る。そこから港までは、歩いて2キロほど。

真っ暗な港に「フェリーとしま」（1389トン）が煌々《こうこう》と灯《あかり》をともして停泊している。「フェリーとしま」が発着する港は、名瀬港の中でも佐大熊《さだいくま》と呼ばれる地区で、ここは貨物船主体のエリア。そのため旅客ターミナルはない。夜は真っ暗。時おりタクシーが船のタラップ（乗降スロープ）に横づけし、ぱらぱらと乗船客を降ろしていく。切符はタラップを上って、船内で直接購入する。

暗くて何もない港――。それゆえに静かな旅立ちの旅情が味わえる。

が、港でさしてやることもないので、20時半に乗船する。船内の案内所で鹿児島港までの片道運賃1万1950円（2等）を支払う。船に乗ってしまえば、もう一安心。100円で5分間使えるコインシャワーで汗を洗い流し、自販機のカップ麺をすする（船内の売店と食堂は翌朝より営業）。そして早くも21時には消灯となり（消灯は各船室。共有スペースは除く）、2等のカーペット席に散らばった乗客は、出航を待たずして早々眠りにつく。私自身もさっそく毛布にくるまり、すぐに眠る。

日付が変わった2時前になんとか起床。船内を見渡すと、遅い時刻に乗り込んだ客も多かったようで、全体の乗客は40、50名ほどか。その大半は、薄い緑色の作業服を着ている男性客なので、トカラ各島へ向かう工事関係の方々だ。時期によって差はあるものの、離島航路や離島の宿では、建築や土木、電気工事といったインフラ工事を請け負った作業員と一緒になる機会は多い。

デッキに出て、名瀬港の出航を眺める。船上から見ても、港周辺は真っ暗。定刻の午前2時、船はそっと岸壁を離れる。名瀬港は天然の良港で、陸地に深く入り込んだ湾になっている。船は街の灯に見送られながら湾の外に出ると、いよいよ暗闇の外洋へと漕ぎ出していく。

「フェリーとしま」は、全長が85・8メートルと比較的短いわりには、3階建ての高い構造になっている。1階は案内所やカーペットの2等室、2階は1等室（個室ベッド）や2等室（相部屋ベッド）、3階はレストランや売店などとなっており、旅客定員は200名。

そして、極めつけが「屋上」となる4階。

4階には操舵《そうだ》室があるが、その後方はヘリコプターの離発着が可能なオープンデッキになっている。ファンネル（煙突）から、ごおごおと黒い煙が途切れなく流れていく。この最上階からの優れた眺望が「フェリーとしま」の最大の魅力。左右両舷《げん》からの景色はもちろん、後方に流れていく海も広く眺めることができる。

真っ暗な屋上のデッキで風に吹かれながら夜空を眺めていると、驚かされる。

星がこんなにも見えるのかと。季節や天候にも左右されようが、深夜航路の旅の中では、船上から最も多くの星が見えた。

目が暗闇に少しずつ慣れていく。

オリオン座が見える。水平線に近い東の位置には、ひときわ大きく輝く星がある。おそらく金星だろう。このように最初は明るい星しか見えないものの、時間が経つにつれて、明るい星と明るい星の間にも、星の大群が見えてくる。最初は「平面的」に感じた夜空が、それぞれの星の遠近感を感じて、だんだん「立体的」に見えてくる。船は暗い海を前へ前へと進んでいるのに、身体は夜空へと吸い込まれそうな感覚になる。

こんなにも星が見えるのは、離島航路ならでは。博多から対馬《つしま》へ向かう際も星がたくさん見えたが、トカラ列島へ向かう航路は、対馬以上に陸地から離れた孤島をめぐる。澄んだ空気と少ない陸地の灯。陸地から離れれば離れるほど、夜の「本当の暗さ」が残っているのだろう。

夜の本当の暗さは、今や貴重なものになりつつある。

陸地では深夜になっても、街灯や駐車場、コンビニ、ガソリンスタンド、オフィスと、何かと光をびかびかと放っている。それらの光（屋外照明）が夜空へと集積していく。つまり、光が雲のように夜空を覆ってしまい、夜の本当の暗さを奪ってしまう。街中にいるとなかなか気づきにくいが、深夜航路で港を発つ際はよくわかる。街の灯が遠ざかっても、街全体の上空はぼんやりと「明るい夜」になっていることが多い。そんな過剰な光による「光害《ひかりがい》」は、欧米や日本などではとくに顕著だといわれている。

光の氾濫する現代に生きていると、夜が本当の暗闇に包まれていた時代を思い描くのは難しい。しかし、それはさほど遠い過去ではない。（中略）現在当たり前のように目にする電灯システムが登場するのは、一九世紀の終わりを待たなければならなかった。そしてそれ以降、夜の暗闇は着実に失われていった。

北アメリカやヨーロッパほど明るく輝く大陸はない。欧米人のおよそ三分の二は、もはや本当の夜――つまり本当の暗闇――を経験したことがなく、そのほぼ全員が光害にさらされた地域に住んでいると考えられている。

（『本当の夜をさがして』上野直子訳）

このような光害というのは、衛星写真を年代比較してみると明らかなようで、地図から「夜の暗い地域」が確実に減ってきている。もちろん欧米のみならず、日本でも夜の暗さは失われつつある。こうした光害の広がりは、星を眺められる機会が着実に減ってきていることを意味している。また、光害はエネルギー消費の問題だけでなく、健康（睡眠）や生態系（農作物の生育など）にも悪影響を及ぼすといわれている。

離島へと向かう深夜航路は、夜の本当の暗さを思い出す機会、じっくり星を眺められる機会としても貴重だろう。

夜が明けると「飛び石航路」

まだ真っ暗な午前5時前。船内アナウンスが、まもなくの宝島到着を告げる。闇の中、腹に響くような重い汽笛《きてき》が、宝島の港に向けてぼおお、ぼおおと発せられる。

「フェリーとしま」は、この宝島を皮切りに飛び石のように連なるトカラの島々に寄港していく。各島の人口は、いちばん多い中之島で約170名、いちばん少ない小宝島で約60名。7島の合計でも約700名という小さな島々に、船はひとつずつ丁寧に寄港する。

5時05分、宝島に到着。乗り降りは、それぞれ10名前後。船首ではクレーンによるコンテナの積み降ろしが行われ、船尾の甲板では車両の出し入れや、フォークリフトによる貨物の運搬が行われる。「フェリーとしま」の発着時刻表では、各島の係留時間はそれぞれ10分と短く設定されているため、各島では人と貨物の積み降ろしがテキパキと繰り広げられる（ただし、各港で作業が15～20分かかるなどして、実際には遅れが生じることも多い）。

「フェリーとしま」の愉しみは、各島での出会いと別れの光景を船上から眺められること。宝島から船に乗り込んだ、大学生（村おこしボランティア）と思《おぼ》しき8名の男女グループは、桟《さん》橋《ばし》で見送る宿の夫婦に向けてしきりに手を振る。村おこしボランティアというのは、全国から集まった参加者が10日間ほどシェアハウスで過ごし、農業や島の暮らしを学ぶというもの。

係留が解かれ、船がいよいよ岸壁を離れる段になると、込み上げてくる気持ちに従順になって、

港で見送る人に手を振る乗客（宝島）

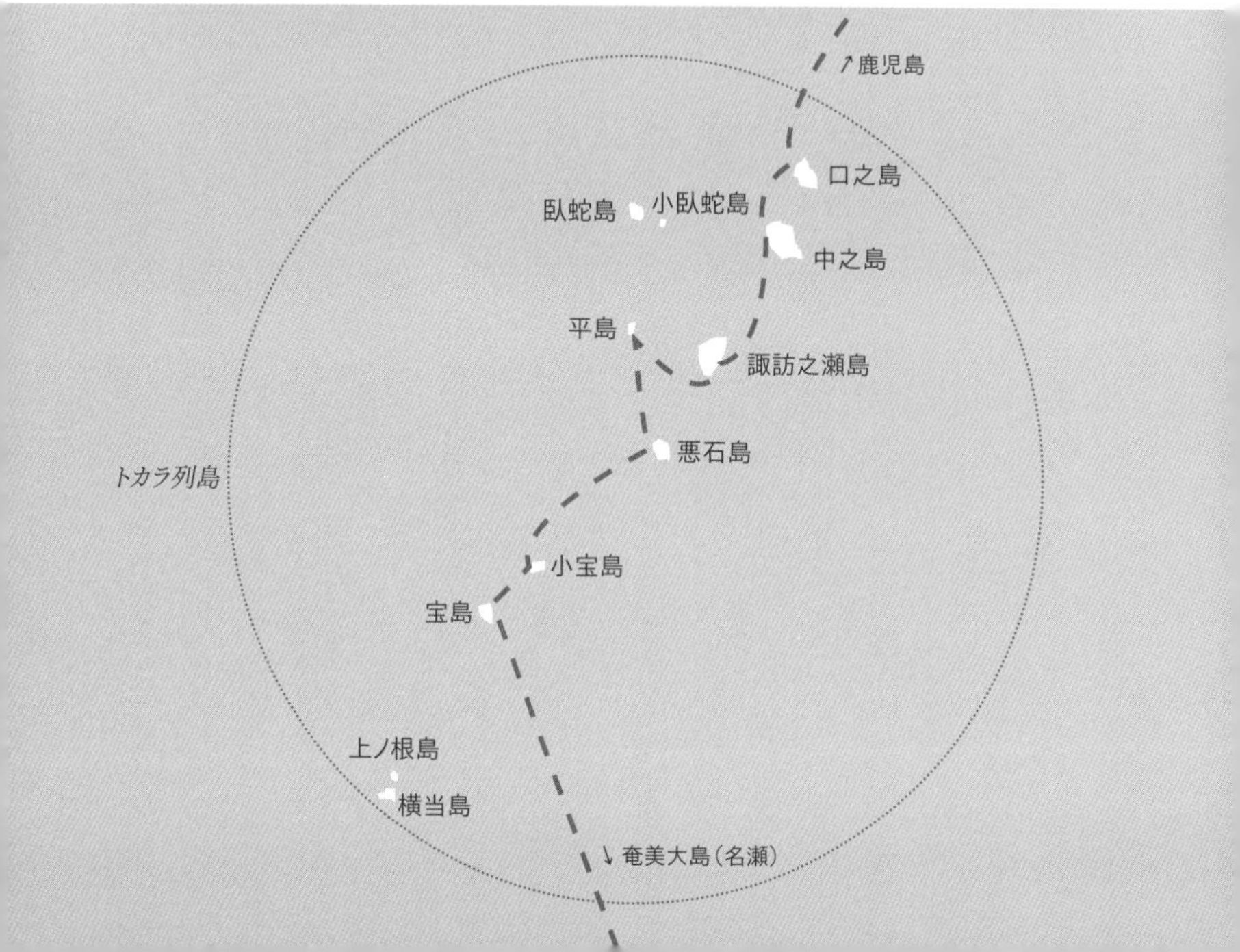

突如、見送る人に大きな声を発する。

「また会おうねー」と。

宝島を出て、次の小宝島の到着は5時45分。夜が明け、ちょうど港に入る手前で、海面に4、5頭のイルカがにゅるりと姿を現す。つやつやとなめらかなイルカの背を見ると、触れたいと切に思う。イルカが泳いでいるのは、船のすぐ脇だ。朝の穏やかな海、イルカもリラックスしているのか、悠然《ゆうぜん》とした動きを見せる。

小宝島に到着し、デッキから後方を眺めると、先ほど寄港した宝島がよく見える。小宝島からは12、13キロほどの距離しか離れていない。

その宝島の左後方に目を凝らしてみたい。うっすら、本当にうっすらと島が見える。富士山のような円錐《えんすい》形をした美しい島影。それは、小宝島から南西に約55キロ離れた横当島《よこあてじま》だ。横当島はトカラ列島の最南端に位置しており、人が暮らした記録はない。「秘境トカラの中の秘境」ともいえる、リモート（遠隔）感あふれる島だ。横当島の近くに浮かぶ上ノ根島《かみのねじま》の島影も肉眼で見える。無人の両島は最寄りの宝島からでも42キロ、奄美大島からは約60キロも離れているため、一般のアクセスはまず不可能。行ってみたいけれど行けない島であることは本当に悩ましい。かねてより「女神の島」として崇敬されてきた横当島、上ノ根島をせめて「フェリーとしま」から拝みたい。

小宝島に到着した船上から横当島を遠望（左と中央が横当島、右が上ノ根島）

陽が昇りはじめると、真っ青な空と海が一気に広がっていく。

悪石島に7時10分着。島に到着するたびに、毎回のルーティンのように、デッキに出て桟橋の光景を眺める。

ん……。

見知った顔が見える。

船に乗り込んできたのは、潤さんだった。

紀行作家である斎藤潤さん。南鳥島（東京都小笠原村、日本最東端の島）以外の日本の有人離島はすべて旅しているという、島旅の第一人者。多数の著書はもちろん、島を愛する飾らないお人柄も魅力。いや、お人柄が文章に滲《にじ》むからこそ、数々の名著がつくられるのかもしれない。

そんな潤さんにデッキで少しお話を伺うと、トカラの貴重な郷土映像を現地で上映するために、島を回っているという。それは、かつて悪石島で行われていた焼畑農業の記録映像。今、悪石島ではいったん廃《すた》れてしまった焼畑を再現する試みが行われているとのこと。そのため、かつて悪石島で行われていた焼畑農業の映像を上映して、現地で学ぶ機会をつくっているそうだ。

悪石島での上映会は盛況だったようで、船と桟橋の間には、色とりどりの紙テープが渡されて、ちょっと懐かしい別れの光景が繰り広げられる。船が岸壁をゆっくりと離れ、やがて紙テープは途切れて風になびく。別れを惜しむかのように、幾筋もの紙テープがひらひらと、いつまでも風に舞う。

平島には8時20分着。ここで、先の潤さんは下船し、今度は平島での上映会へと向かう。港のすぐ近くでは、船の出現に驚いたのか、時々トビウオが跳ねる。平たい石を投げて水面で石を跳ねさせる、水切りのよう。真っ青な海に、トビウオの翼のような胸ビレがキラと輝く。水切りと同じく一瞬で消え去ってしまうからこそ、その姿を何度も見たくなる。

船が平島から諏訪之瀬島へ向かうと、左舷には2つの島影が見えてくる。臥蛇島《がじゃじま》と小臥蛇島《こがじゃじま》だ。

先述した無人島の横当島とは違い、この臥蛇島にはかつて人が暮らしていた。

1970年7月28日、臥蛇島の灯が消えた。

最後まで島に残っていた3世帯の14名と小学校分校の教諭であった2名が、最後の船に乗り込んだ。

出港の作業が終わった第2十島丸《としままる》は、臥蛇島に最後の別れの汽笛を送り、静かに島を離れた。村役場や船長のはからいで島の周囲を一周した。移住者達は、万感の思いで遠ざかる臥蛇島と別れを告げた。

（『十島村誌』）

別れを惜しむ色とりどりの紙テープ（悪石島）

平島を出航すると左舷に臥蛇島が見えてくる（左：臥蛇島、右：小臥蛇島。撮影は諏訪之瀬島から中之島へ向かう船上にて）

かつて臥蛇島は、カツオ漁の基地として戦前は人口180名以上を数えるなど栄えた。臥蛇島が全島移住して無人となった背景には、過疎がある。時代は高度経済成長期。働き手や若者は次々と島を去った。さらに当時は、行政側が効率性を重視して、人口が著しく縮小した離島には、集団離島を勧奨していたという背景もある。

中でも移住の決断を促した最大の要因は、臥蛇島の「はしけ」による通船作業にあった。まだ港の整備が進んでいなかったころ、小さな波止場しかない島では、定期船であった「十島丸」が接岸することはできなかった。そのため、「十島丸」は沖合に停泊し（沖泊まり）、小さな舟（はしけ）が波止場と定期船との間を往復して、人と生活物資を運んだ。波風しだいでは、通船作業は不可能になり、定期船が島を素通り（抜港《ばっこう》）していくこともたびたびあったという。また、トカラ列島の中でも臥蛇島の地形はとくに険しく、「はしけ」による危険な通船作業だけでなく、波止場から集落まで標高50メートルもの急な石段を上らなければならなかった。

そんな重労働で危険を伴う通船作業を支えてきたのが、臥蛇島の青年団。いわば島の若くて屈強な男性だ。その青年団の数が減ってしまい、通船作業を維持することが難しくなってしまった。通船作業は島の暮らしを支える命綱だけに、通船作業の困難が移住の最大要因となった。

しかし、当時若い働き手が減っていたのは臥蛇島だけではなく、トカラ列島では共通していた問題だった。なぜ臥蛇島だけが無人になってしまったのだろう。

もう少し時代が下れば、離島振興法の支援とともに港湾整備が進められ「十島丸」の接岸が可能となり、通船作業の重労働からは解放されるようになったであろう（ただし、トカラ列島で船が接岸できる港湾が整ったのは、いちばん早かった中之島で１９６８年、いちばん遅かった小宝島で１９９０年と開きがある）。それと同時に道路の整備も進められたはず。そのことを考えると、臥蛇島もほかのトカラの島々と同じように、もう少し困難に耐えて人が住みつづけていれば、今も有人島でありつづけることは可能だったのではないか。

しかし、臥蛇島では過疎化でぎりぎりの人数で通船作業を行っていたため、ちょっとした変化が島の命運を左右した。

〔同じくトカラで移住構想のあった〕諏訪之瀬島では、移住に全く反対であり、臥蛇島でも、移住に消極的で反対であった。

ところが臥蛇島で移住反対の中心になり支えてきた家族が、昭和四十四年八月突然、県外へ移住をしてしまった。残された臥蛇島の人々には、大きな衝撃となった。臥蛇島住民は、この頃から次第に移住について前向きに考え始めたようである。（同前）

この記述を見ると、過疎が進んで人口が減っていた島では、ちょっとした変化によって島の歴史が大きく変わってしまったように感じる。「運不運」が島の命運を左右してしまったと、いえるのかもしれない。「昭和四十四年」といえば、１９６９年であるから、「ある家族」が突然移住してから、たった1年後に臥蛇島の灯が消えてしまったことになる。

「運不運」でいえば、逆のパターンもある。先ほど寄港した小宝島では、1981年に人口が20名を割るという「危機」があった。しかし、子どもを連れたUターン家族が島に戻ってきたことによって救われている（「トカラ・十島村の『格差』と地域の政治」『帝京社会学』参照）。小さな島における一人ひとりの存在は、時に島の命運を左右する大きな存在でもある。

臥蛇島は、無人化して50年が経とうとしている。

そんな臥蛇島を船上から遠望しつつ、諏訪之瀬島には9時15分に着く。桟橋にはコンテナを加工した待合所がちょこんと置かれていて愛らしい。その小さな待合所に船を出迎える人、船を見送る人が集まっている。たった10分ほどの係留の間に、ここでも出会いと別れが繰り広げられる。

次の中之島には10時30分着。この日いちばん多くの乗り降りがあった。20名ほどの客が乗り込み、船内の案内所前に列をつくる。そして一人ひとりに船室があてがわれていく。

中之島を発つと、島に聳《そび》えるトカラ富士（御岳）が見送ってくれる。

11時30分、いよいよ船は最終の寄港地、口之島に到着。太陽はいっそう力強さを増し、海の青さがまぶしい。

「フェリーとしま」が入港する際、海はひときわ美しく映る。トカラ各島の港では「フェリーと

コンテナを加工した小さな待合所（諏訪之瀬島）

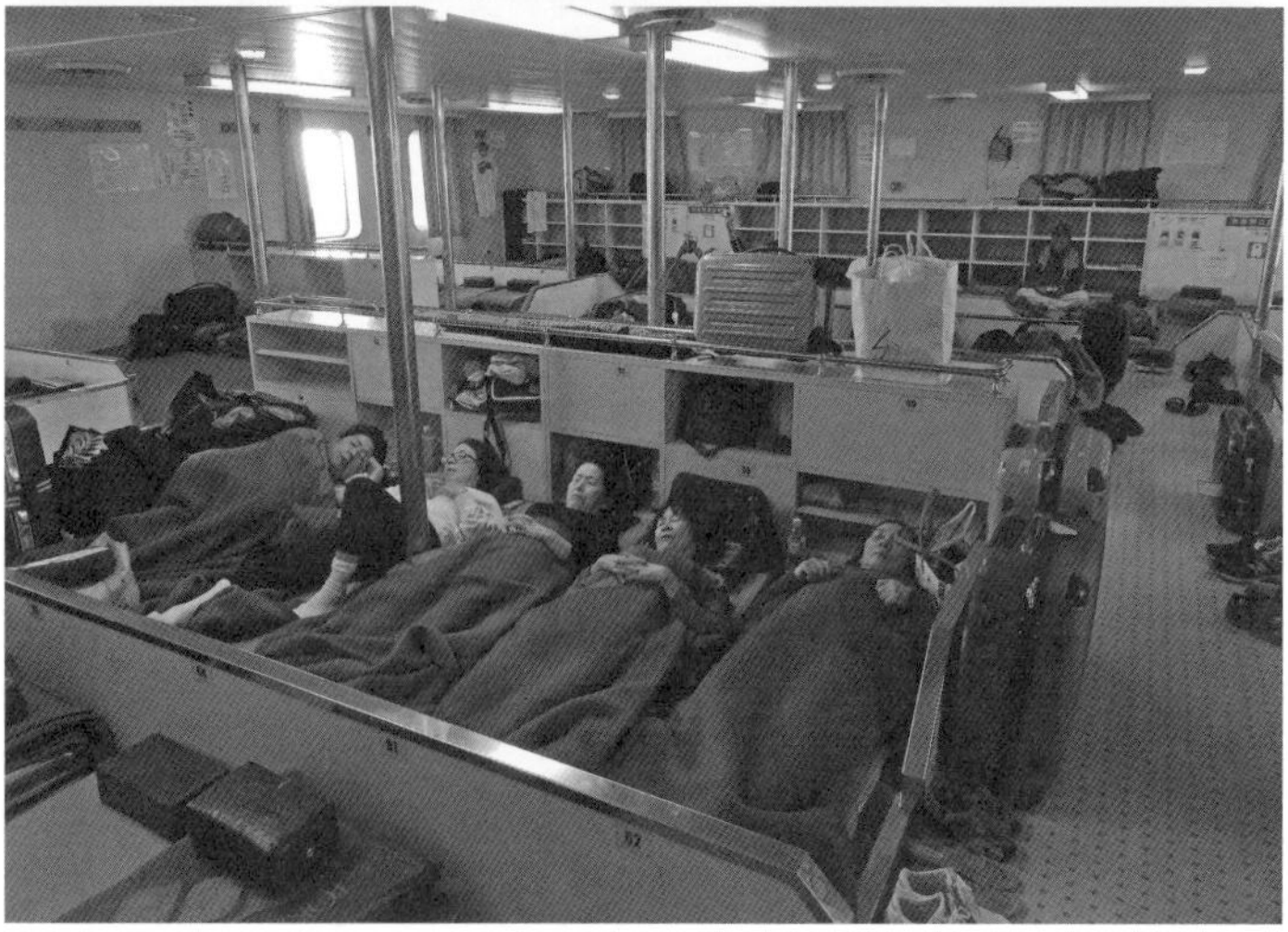

トカラ各島からの乗船客で船室がぎっしりと埋まっていく

トカラ富士（御岳）が美しい中之島

しま」は船を接岸させるため、狭い港内で急旋回《せんかい》する。船にはスラスターという船首を左右に振る装置があり、スラスターから噴き出る泡が港内に大量に広がる。この泡が、真っ青な海に浮かぶ白い雲のように映る。強い陽射しが、澄みきった海面と泡をきらきらと照らす。そして、係留を解いた船は、再びスラスターから大量の泡を噴き出して、港を離れる。

船とともに生きる——イルカ、カツオドリ

口之島を発った直後、併走者が現れる。

5、6頭はいるだろう、イルカだ。デッキからしげしげ眺めていると、ずっと船に寄り添うように泳いでいる。外洋を走る航路ではイルカと遭遇することは珍しくないが、どうして「フェリーとしま」では、こんなにも船の近くでイルカを見ることができるのだろう。

イルカがたくさん暮らす海、ということなのだろう。

しかし、よくよく観察していると気づく。

イルカは「フェリーとしま」と遊んでいるのだ。つるりとした灰色のボディが空中に舞う。2メートルほどのミナミハンドウイルカだ。そう、船がつくり出す航跡波で波乗りしたり、船の波を使ってジャンプしたりしている。だから、強い航跡波を求めて船の近くに寄ってくる。ひとしきり波と戯《たわむ》れたあとは、「もういいや」とばかりに姿が見えなくなる。

そんなイルカに見送られつつ、いよいよ船は最終目的地の鹿児島港へと向かう。口之島を出た

接岸·出航時は、スラスターからの泡が港に広がる（口之島）

航跡波で遊ぶミナミハンドウイルカ（口之島沖）

のは11時40分過ぎ。あとは、もう鹿児島18時50分着まで寄港地はない。そのため、口之島を出航すると、船内は平穏な雰囲気になる。もう客の乗り降りはないので、船員さんも一息つく。船室はこれ以上乗客が増えることもないので、おのおの思い思いにくつろぎはじめる。2等のカーペット席で毛布にくるまれてごろごろする人、3階のレストランでのんびり過ごす人、デッキのベンチでぼーっと海を眺める人……。

最後の寄港地を過ぎても、船上からの景色は変化に富んでいる。屋久島と口永良部島《くちのえらぶじま》にはさまれた狭い海域を航行する際は、口永良部島が左舷からよく見える。15時ころになると、同じく左舷に「でっぷり太った富士山」のような硫黄岳が見えてくる。三島《みしま》村の硫黄島《いおうじま》（薩摩硫黄島）だ。16時近くになると、いよいよ九州本島の最南端、佐多岬《さたみさき》が右舷に見えてくる。

ここで再びミナミハンドウイルカが出迎えてくれる。やはりイルカは、「フェリーとしま」の航跡波で遊ぶ。今度は10頭くらいの群れか。4頭がきれいに横に並んで、同じ波に乗っている。船のつくり出す波を追って泳げば、イルカは波のスピードと同調して波乗りができる。だから、同じ波を仲良く捉えて、横に並んで泳いでいるのだろう。そんな光景が、船のすぐ脇で繰り広げられるのだから、本航路はすごい。

佐多岬沖からは、多くの海鳥が船の周囲を舞う。イルカと違って、30分、1時間と長らく併走する。船が先に進んでしまっては、追いかけて先回りし、滑空《かっくう》しては船の後方へと消える。そして、また船を追いかけてくる。白い腹が特徴的なカツオドリだ。

カツオドリが船と併走する（口之島〜鹿児島間）

なぜカツオドリはこうも延々船についてくるのかと観察すると、どうやらトビウオを狙っている。船の出現に驚いたトビウオが、船の周りから飛び跳ねる。そこをキャッチしようというわけだ。しかし、トビウオはどこから飛び出るかまったく予測できないし、飛んだと思えばすぐに海面下に潜り込んでしまう。そのためカツオドリを観察していても、なかなか捕食できない。それでも、カツオドリはあきらめない。船と併走してはトビウオをひたすら追いつづける。1時間ほど観察しただろうか、ようやく1羽がトビウオをキャッチしたシーンを目撃した。

トビウオの気持ちを想像してみたい。

そもそもトビウオが飛ぶのは、水中の捕食者から逃れるためだ。シイラやマグロといった大型の魚から逃げるために飛行能力を発達させてきた。水中の危険を察知したら、安全な海面上に飛んで避難する。しかし、海面上に出たと思ったら、今度は海鳥が待ち受けている。一見優雅なトビウオも、実際にはなかなか気が休まる暇はないのかもしれない。

18時が近づくと、陽が傾いて左舷に開聞岳《かいもんだけ》のシルエットが浮かび上がる。薩摩富士の別称もあるように、均整のとれた稜線《りょうせん》が美しい。開聞岳が見えるということは、船は鹿児島湾（錦江湾《きんこうわん》）を進んでいることを意味し、もう船旅の終わりが近づいている。旅の終わりを惜しむかのように、乗客がデッキから開聞岳にカメラを向けている。

夕陽が地平線に吸い込まれるように近づき、空を茜色《あかね》に染めていく。気づけば左舷には鹿児島市街の建物がびっしりと並んで見える。

右舷に桜島が近づくと、いよいよ船は左へと舵《かじ》を切り、するりと鹿児島港へ滑り込む。本日の到着は18時30分。順調な航行だったようで、定刻よりも20分早い。長い航海を終えた安堵感からか、船員さんも乗客もみな穏やかな表情に映る。港に接岸して、ばらばらと多くの客が下船していく。トカラの各島で乗客が少しずつ増えたので、到着時に目算したところでは１００名近くは下船したもよう。

「フェリーとしま」も長い航海を終えて、すっかり「安堵」しているかのよう。多くの人や貨物が船から降ろされ、船内の清掃がはじまる。往路・復路の航程で溜まったゴミ袋が次々と船から吐き出されていく。船は長い「任務」を解かれ、「身軽」になっていく。

＊

トカラ航路を乗り通したあと、改めて２０１７年の12月上旬に、寄港地のひとつであった悪石島を訪ねた。

最後に悪石島の旅をつづって、トカラ航路の旅、そして深夜航路全体の旅を締めくくりたい。

悪石島には、「対馬丸慰霊碑」が建っている。

小さな4基の碑は、港近くの見晴らしのいい山肌に位置し、海を遠く拝むように建てられている。悪石島小中学校に通う生徒さんが、毎月この慰霊碑を清掃してくれているという。

太平洋戦争中、沖縄の集団疎開の学童や引率者ら約1800名を乗せていた「対馬丸」は、米潜水艦に撃沈された。800名近くの学童を含む、およそ1500名が亡くなったといわれている。

それは、1944年8月22日の夜のこと。

悪石島の北西約10キロ地点で魚雷攻撃を受けて、「対馬丸」は沈んだ。今も船体は、悪石島沖の深い海の底（水深871メートル）に眠っている。

魚雷が命中したのは、22時12分ころ。乗船者の多くが眠っていた夜の出来事で、10分足らずで沈没したために、乗船者のほとんどが船倉《せんそう》に取り残された。また、海に投げ出された人も、接近中だった台風の影響で、高波に呑まれ、多大な犠牲となった。

沈没時刻に近い22時過ぎに、悪石島の港から沖合を眺めてみる。

時代や季節は異なれど、沈没させられた夜の海とはどのようなものだったのかと。

悪石島の港（やすら浜港）には灯がなく、夜は真っ暗。海に突き出している防波堤の先まで、ゆっくりゆっくり歩く。

誰もいない夜の港は、しんと静まり返っている。

悪石島にある「対馬丸慰霊碑」

悪石島（やすら浜港）から夜の海を眺める（「対馬丸」沈没時刻に近い22:00過ぎ。右手は悪石島に聳える御岳）

夜空には雲がかかり、月も星もない夜。それでも、目は少しずつ暗闇に慣れてきて、足元のコンクリートや空は少しばかりは明るく映るようになってくる。

ただ、夜の海だけは、ひたすら暗い。

防波堤の先端に立つと、どどどと、鈍い音を響かせて黒々とした波が岸壁を洗う。沖合の海を眺めてみても、航行する船の灯もなく、どこまでも暗い海だ。

夜の海に閉じ込められる恐怖、夜の海に放り出される恐怖は、いかばかりだったことだろう。そこには、多くの学童がいた。しかも、船が沈んだのは沖合の深い海、荒れた海。その恐怖は、はかり知れない。

「対馬丸」に限らない。トカラ列島の諏訪之瀬島沖では、学童疎開船「武州丸《ぶしゅうまる》」が撃沈されて多くの犠牲者を出すなど、トカラ列島の沖合で戦時中に沈められてしまった船は少なくない。

戦後もう70年以上の歳月が流れた。

70年と聞くと、はるか遠い昔のように感じてしまう。

でも、夜の海を眺めていると、過去と現在との距離が縮まってくる。暗闇は視覚で認知できることが限られるためか、想像が膨らみ、自身とは縁のない過去であっても、遠い存在が近い存在として感じられてくる。

これまでの一連の旅を通じて、深夜航路の魅力、夜の海の魅力をつづってきた。

しかし、悪石島の対馬丸慰霊碑や夜の海を前にして考えてみると、夜の海に放り出される心配もなく、夜間に何不自由なく旅ができるということは、当たり前のようでいて当たり前ではないということに気づく。海の底には、過去の多くの悲しみが横たわっている。

今、自分にできることは、何だろう。

いいしれない過去の無念さにも思いを馳《は》せつつ、海と島の旅をつづけていくことだけなのかもしれない。

だとすると、一個人にできることは、波飛沫《なみしぶき》のように儚《はかな》く消えてしまうことのようにも思えてくる。

でも、平時に生きられる尊さを思うと、それでもいい。波飛沫でもいい。

今を生きる者は、今を泳ぐしかない。

沖へ、沖へと。

おわりに

旅の魅力とは何だろう。

きっとその多くは、人との出会いや明媚《めいび》な風光を堪能することだろう。

しかし深夜の旅では、人との出会いもなければ、明るい景色も見えない。

ただ、それも間違いなく、旅の妙だと思う。

その最大の魅力は、「はじめに」で触れた「扉」が現れるということ。

深夜航路の旅を通じてわかった。

深夜の旅では、自身の内面が開かれてくる。自己対話、内的省察の扉が開かれる。

日中は知覚が開かれている。日々の仕事や生活、雑事に追われながら、知覚によって目の前のことを次々と対処していく。ついつい思索することも想像することも忘れがちになる。ややもすると、過去のことや将来のことに思いを馳《は》せることも忘れてしまう。

そして、気づく。毎日、ただ機械的に動かされているだけではないかと。カネや成果を追いかけて、不毛な競争に駆り立てられているだけではないかと。

深夜の旅は、そんな日常からの脱出だ。

午前0時を過ぎると、いつも自由を感じる。

深夜航路の静けさに身をゆだねれば、心身のこわばりがほぐれ、穏やかな心持ちになる。一種の瞑想のようなものかもしれない。そして暗闇が支配する時間帯は、外界的なものに振り回されずに済むからこそ、自己対話がはじまる。つまり、人と出会わず、景色は闇しか見えないからこそ、想像力を掻《か》き立てられる。目に見えないものに対して、心が開かれてくる。そう、扉だ。扉の先には、際限なく自由に浮遊できる奥行きがある。

船が波間にたゆたえば、自らの内面も揺れる。やがて日々の生活に明け暮れて自分の内部で潜在化していたものが、にゅるりと顕在化してくる。あるときは空想や夢想、あるときは創造といった具合に、行き先は時々の自由。そんな無辺の内的飛翔こそが、深夜航路における最大の魅力なのだと思う。

そして、そんな夜の体験は、旅を終えたあとの日常生活にもじわりと浸透してくる。凝り固まっていた日常がほぐれていく。想像力が働くようになるのか、日々のノイズで見えなくなっていたことが、少しずつ見えてくる。

*

本書では、「はじめに」で記した深夜航路の定義にもとづいて、全国すべての航路（14航路）に乗船した。２０１７年の間に週末や休暇を使い、ひとりで旅を重ねた。

そんな一連の旅を終えて、深夜航路の魅力を要約してみると、次のようになる。

・内的省察といった感覚的な旅、精神的な旅ができる
・夜の静けさ（暗闇、星空、月明かり）を満喫できる
・（トラックや貨物運搬が主で）乗客（徒歩客）が少ない。ガランと空《す》いていることが多い
・（その他の公共交通機関に比べ）旅客運賃が安い

その一方で、事業者（船舶会社）が抱える課題も見えてくる。

・（架橋《かきょう》を含む）高速道路網の整備による需要低迷
・高速道路運賃の割引や長距離バス路線の拡充、格安航空会社（ＬＣＣ）就航などにより、運賃面での競争激化
・燃料費高騰による経営圧迫
・経営合理化や燃料節約のための減便などによる、利便性の低下

これらのことを考えると、深夜航路はゆったりと空いている旅ができる反面、事業者側の経営状況は、航路によっては楽観視できるものではないということがわかる。

深夜航路は主にトラックや貨物の運搬が経営の根幹をなしており、旅客輸送は付随的なもの。今後は旅客輸送を停止して、貨物輸送に特化する航路があるかもしれない。あるいは需要の低迷によって、存続が危ぶまれる航路があるかもしれない。たとえば、かつて終夜運航（24時間運航）していた明石淡路フェリーや宇高国道フェリーは、今はもうない。日本全国で夜行列車がほぼ消えてしまったように、深夜航路の灯も「風前の灯」となってしまうのか。

いやいや、貨物需要のおかげで、深夜航路はまだ全国に残っている。

その秘められた魅力を追いかけよう。

船内でひたすら放心したり、夜の海を眺めてうつらうつら。何かの思いが浮かんでは消えていく。海を包む闇はひときわ濃いけれども、必ず朝はやって来る。

そして朝になれば、次の旅がはじまる。

午前0時を回る。

昨日という一日が終わり、新しい一日がはじまる。

間《あわい》の時間帯に、自らを揺り動かす針路へ舵《かじ》を切ろう。

今日もどこかで、深夜航路が港をそっと離れる。

最後になりましたが、装幀や本文デザイン、組版を濃《こま》やかに手がけてくださった、あざみ野図案室の方々に厚くお礼申し上げます。微に入り細を穿《うが》ったご配慮をいただき、本当にありがとうございました。

長い「航海」となりましたが、いつも灯台のように本書の「針路」を照らし出してくださった、草思社編集部の貞島一秀さんに深く感謝いたします。

２０１８年５月

清水浩史

引用・参考文献

• はじめに

ロバート・A・ハインライン（小尾芙佐訳）（２００９）『夏への扉　新訳版』早川書房

• 01　青森→函館

大淵玄一（２０００）『寒川』（函館市中央図書館蔵書）

「青函、フェリー好調　新幹線開業後、一般客数前年上回る　観光・地元客、取り込む」『朝日新聞』２０１７年３月13日（朝刊、北海道総合：聞蔵Ⅱ）

中村光子・古庄紀子（２０００）『寒川集落　改訂版』（函館市中央図書館蔵書）

「フェリー利用者増」『読売新聞』２０１７年３月30日（東京朝刊、青森：ヨミダス歴史館）

堀内茂男（２０１０）『ＪＥＴ ＳＴＲＥＡＭ旅への誘い詩集――遠い地平線が消えて』ＴＯＫＹＯ ＦＭ出版

• 02　大洗→苫小牧

ブラッドリー・L・ギャレット（東郷えりか訳）（２０１４）『「立入禁止」をゆく――都市の足下・頭上に広がる未開地』青土社

• 03　敦賀→苫小牧東港

マーク・ヴァンホーナッカー（岡本由香子訳）（２０１６）『グッド・フライト、グッド・ナイト――パイロットが誘う最高の空旅』早川書房

• 04　和歌山→徳島

「『徳島、いいね』松茂町　長原渡船」『徳島新聞』２０１７年12月29日（http://www.topics.or.jp/articles/-/1813、２０１８年４月８日閲覧）

吉野川渡し研究会監修（２００４）『吉野川の渡し　ガイドブック』国土交通省四国地方整備局徳島河川国道事務所（徳島市立図書館蔵書）

• 05　神戸→小豆島（坂手）

佐々木正夫（１９９８）『新　讃岐の文学散歩』四国新聞社

「小豆島－沖之島、架橋の構想再燃　土庄町、新年度から調査へ」『朝日新聞』２０１７年１月29日（朝刊、香川全県：聞蔵Ⅱ）

「『瀬戸の花嫁』舞台　沖之島架橋案に賛否」『読売新聞』２０１７年４月23日（大阪朝刊、香川：ヨミダス歴史館）

山崎怜「村山籌子（１９０３－１９４６）をめぐって」『香川大学一般教育研究』42巻、１９９２年10月（http://shark.lib.kagawa-u.ac.jp/kuir/metadata/3635、２０１７年11月５日入手）

山崎怜「村山籌子研究上の若干の資料について」『香川大学一般教育研究』44巻、１９９３年10月（http://shark.lib.kagawa-u.ac.jp/kuir/metadata/3651、２０１７年11月５日入手）

●06　神戸→新居浜
新居浜市史編纂委員会編（1980）『新居浜市史』愛媛県新居浜市

●07　直島（宮浦）→宇野
山陽新聞玉野支社編（1989）『宇野港物語』山陽新聞社
玉野市史編纂委員会編（1972）『玉野市史続編』玉野市
向田邦子（1984）『夜中の薔薇』講談社

●08　柳井→松山
ジミー・リャオ（岸田登美子訳）（2015）『幸せのきっぷ』現代企画室
「情島小中　卒業・休校式　128年の歴史に区切り」『毎日新聞』2017年3月13日（地方版：デジタル毎日）
吉村昭（1988）「鯛の島」『脱出』新潮社

●09　徳山→竹田津
「カブトガニ：400匹超死ぬ　海水温上昇影響か　曽根干潟」『毎日新聞』2016年8月24日（西部朝刊：デジタル毎日）
「カブトガニ大量死、エイ原因説　エラにかまれた跡、感染症か」『朝日新聞』2016年9月22日（朝刊、北九州：聞蔵Ⅱ）
関口晃一（1991）『カブトガニの不思議』岩波書店

●10　臼杵→八幡浜
内山節（2007）『日本人はなぜキツネにだまされなくなったのか』講談社
大本敬久（2005）『民族の知恵――愛媛八幡浜民俗誌』創風社出版
大本敬久「調査ノート　八幡浜市大島」『愛媛の伝承文化』2000年5月8日更新ブログ（http://blog.goo.ne.jp/uchikonotemae、2017年11月3日閲覧）
酒井健（2016）『夜の哲学――バタイユから生の深淵へ』青土社
「ようこそ！『いやしの楽園』八幡浜大島へ！」ホームページ（https://yawatahama-oshima.localinfo.jp、2017年12月10日閲覧。その後「八幡浜大島ポータルサイト」としてリニューアルされた。https://yawatahamaoshima.com）

●11　宿毛→佐伯
E・ミンコフスキー（中村雄二郎・松本小四郎訳）（1983）『精神のコスモロジーへ』人文書院
佐伯市水ノ子島海事資料館資料（館内配布・案内資料）
ジミー・リャオ（岸田登美子訳）（2015）『幸せのきっぷ』現代企画室

「宿毛フェリーに２０００万円補助　県と幡多6市町村」『朝日新聞』２００８年3月1日（朝刊、高知全県：聞蔵Ⅱ）
「水先案内、異常なし　水ノ子島灯台、今年最後の点検　佐伯沖」『朝日新聞』２００９年12月23日（朝刊、大分全県：聞蔵Ⅱ）

・12　博多→対馬（厳原）

ヘンリー・ソロー（小野和人訳）（２００８）『月下の自然――夜の散歩と思索のエッセイ』金星堂

・13　鹿児島→桜島

「錦江湾・燃島が無人島に　昨年6月、最後の住民3人移る」『読売新聞』２０１４年2月6日（西部朝刊、鹿児島：ヨミダス歴史館）
「錦江湾を見つめて（1）『教育受けさせたい』村営船導入」『読売新聞』２０１４年8月9日（西部朝刊、鹿児島：ヨミダス歴史館）
「錦江湾を見つめて（2）『命つなげ』24時間運航」『読売新聞』２０１４年8月10日（西部朝刊、鹿児島：ヨミダス歴史館）
「錦江湾を見つめて（3）名物うどん　30秒で1杯」『読売新聞』２０１４年8月12日（西部朝刊、鹿児島：ヨミダス歴史館）
「錦江湾を見つめて（4）災害時は救難船の役割」『読売新聞』２０１４年8月15日（西部朝刊、鹿児島：ヨミダス歴史館）
「住民なき島、公費なお」『朝日新聞』２０１４年8月9日（朝刊：聞蔵Ⅱ）
「新島を訪ねて　鹿児島湾で唯一の有人島」『毎日新聞』２００６年10月16日（地方版、鹿児島：G-Search）
「生活支える桜島フェリー」『朝日新聞』２０１７年10月2日（朝刊、福岡：聞蔵Ⅱ）

・14　奄美大島（名瀬）→鹿児島

乾正雄（１９９８）『夜は暗くてはいけないか――暗さの文化論』朝日新聞社
上原清（２００７）『対馬丸　沈む』対馬丸記念会
対馬丸記念館ホームページ（http://tsushimamaru.or.jp）
十島村誌編集委員会編（１９９５）『十島村誌』十島村
羽原清雅（２００８）「トカラ・十島村の『格差』と地域の政治」『帝京社会学』第21号
ポール・ボガード（上野直子訳）（２０１６）『本当の夜をさがして』白揚社
前橋松造（２００４）『金十丸、奄美の英雄伝説――戦火をくぐった疎開船の数奇な運命』南方新社

・おわりに

古東哲明（２０１１）『瞬間を生きる哲学――〈今ここ〉に佇む技法』筑摩書房
霜山徳爾（２０１２）『素足の心理療法』みすず書房

著者略歴――――
清水浩史　しみず・ひろし
1971年生まれ。早稲田大学政治経済学部卒。在学中は早大水中クラブに所属。NAUIダイビングインストラクター免許取得。卒業後も国内外の海と島をめぐる旅をつづける。テレビ局勤務を経て、東京大学大学院法学政治学研究科修士課程修了、同大学院新領域創成科学研究科博士課程中退。現在、書籍編集者・ライター。著書に『海駅図鑑――海の見える無人駅』『秘島図鑑』(ともに河出書房新社)、水中クラブOB髙槗啓介との共著として『海に癒される。――働く大人のための「海時間」のススメ』(草思社)がある。

深夜航路
午前0時からはじまる船旅

2018年 6月21日　第1刷発行
2019年 8月 1日　第2刷発行

著　者　清水浩史
デザイン　あざみ野図案室
発行者　藤田　博
発行所　株式会社 草思社
〒160-0022　東京都新宿区新宿1-10-1
電話　営業 03(4580)7676　編集 03(4580)7680

印刷・製本　中央精版印刷株式会社

ISBN978-4-7942-2340-1 Printed in Japan　検印省略